国家社科基金后期资助项目
（编号：13FJK008）

国家社科基金
GUOJIA SHEKE JIJIN HOUQI ZIZHU XIANGMU
后期资助项目

中国义务教育班级规模的效益研究

ZHONGGUO YIWU JIAOYU BANJI
GUIMO DE XIAOYI YANJIU

张万朋　著

教育科学出版社
·北 京·

国家社科基金后期资助项目
出版说明

后期资助项目是国家社科基金设立的一类重要项目，旨在鼓励广大社科研究者潜心治学，支持基础研究多出优秀成果。它是经过严格评审，从接近完成的科研成果中遴选立项的。为扩大后期资助项目的影响，更好地推动学术发展，促进成果转化，全国哲学社会科学规划办公室按照"统一设计、统一标识、统一版式、形成系列"的总体要求，组织出版国家社科基金后期资助项目成果。

全国哲学社会科学规划办公室

序

　　该著作是 2013 年度国家社会科学基金后期资助项目"义务教育阶段班级规模的效益研究"的最终成果。作者选择本课题研究主要基于以下两点原因。

　　首先，关注班级规模问题是当前中国教育改革落实到微观层面的需要。自十七大以来，促进教育的均衡性、全面性就是我国教育改革和发展的主旋律。而《中华人民共和国国民经济和社会发展第十二个五年规划》（下文简称为《十二五规划》）和《国家中长期教育改革和发展规划纲要（2010—2020 年）》（下文简称为《教育规划纲要》）明确提出要在大力推进教育公平的基础上，更加注重提高教育质量的要求。公平和效率往往被认为是矛盾的两面，但现代社会对教育发展有着新的需求，更为倡导在提高效率兼顾公平的背景下，加深对教育公平的质量内涵的理解，并要在政策导向上有所体现。《十二五规划》和《教育规划纲要》不仅要求促进教育公平，而且对公平又给出了"合理配置公共教育资源"的释义。但究竟何谓"合理"？从经济学的视角看，在教育资源总体稀缺的条件下，合理配置公共教育资源是最为重要的一个实现途径。学校是学生接受教育的主要场所，自从班级授课成为学校教育的主要教学组织形式，班级就成为学生接受学校教育的基本组织形式，也是学校教育结构系统中最基础的构成要素，因此，在总体学校教育资源一定的条件下，一个班级学生人数的多少，即班级规模的大小会直接影响到每一个学生能够获得的教育资源的多寡，这也就使得班级规模成为学校教育资源配置的一个显著指标。

　　其次，关注班级规模问题是对我国实行小班教学改革以来的成效进行检验、评判和完善的需要。班级规模问题的探析与研究由来已久。国外的班级规模研究和实验历时数百年，大致经历了大班化教学时期、小班化教学时期和小班化教学重新定位时期三个阶段。至今这一话题仍然是欧美等发达国家学术界关注的热点。

在中国，小班化教育大致于20世纪90年代中期起源于长三角、珠三角和京津唐等几个经济发达的地区，其后逐步在全国范围内推进。义务教育小班化教学之所以广泛出现，或者说缩减班级规模行动的广泛开展，主要基于三个方面的原因。第一，人口出生高峰过后，教育物质资源相对过剩。20世纪90年代中期，随着第三次人口出生高峰影响的逐渐散去，小学和初中适龄入学人数都持续大幅减少，在校学生总人数亦在不断减少。在这种情况下，为减少学校硬件设施的空置，更好地利用现有的教室等物质资源，很多学校开始尝试缩小班级的规模，开展小班化教学。第二，教师教育发展良好，师资相对充沛。义务教育阶段在校学生持续减少的同时，由于中国教师教育的迅猛发展，师范教育毕业生在一定时间段内有所增加，并且其学历层次也有大幅提升。而且，教师来源开始趋向多元化，基础教育师资不仅仅来源于传统的师范学校，部分综合性大学也开始培养教师人才。在这样的发展背景下，义务教育的师资在局部范围内呈现出相对充沛，甚至过剩的局面，为小班化教学的实现和发展奠定了软件基础。第三，社会经济逐步发展，国民对优质教育的诉求越来越强烈。伴随着国家社会经济的持续繁荣发展，人民群众在教育方面的要求也在不断提高，人民群众不再仅仅满足可以接受教育，而是更加关注教育质量的提高，强烈要求获得高品质、综合素质的教育。人民群众的教育诉求从"有学上"逐渐演变为"上好学"。中国教育事业尤其是义务教育取得了前所未有的辉煌成就，具备了逐步满足人民群众诉求的条件。于是代表"优质教育""精品教育"小班化教学在中国出现了。

中国小班化教学改革迄今已经走过了近20年的发展历程。尤其是近年来随着中国教育改革方向日益集中到追求教育质量，小班化教学作为优质教学有效的实施途径，更加持续引人关注。2010年颁布的《教育规划纲要》再次明确提出义务教育要"深化课程与教学方法改革，推行小班教学"。为了让小班化教育改革能够进一步完善并在实践中取得更好的效果，一方面需对改革成效进行科学地回顾、梳理、评判，另一方面随着内外部环境的不断发展变化，随着义务教育发展的重点逐渐转向提高质量，需要对新形势下适度的中小学班级规模现实意义和理论价值进行探索、挖掘、研究。

本研究从规模经济的视角出发，深入微观层面的课堂，通过中西东部城市、城郊和农村三类区划的义务教育阶段中小学班级成本和收益调查，构建了义务教育阶段中小学班级适度规模测算和评价模型，并通过二次调研、修正，提出了关于班级适度规模及其评价的方法和标准；同时，在保证不同学校有效教学的前提下，对提高资源配置效率了也提出了建议，力求为教育公共服务均等化的目标服务。本著作共七章，可分为两个部分：第一部分是理论基础，包括第一到第三章，对立论基础、国内外研究现状、设计思路、调研及其数据处理，进行了详细的介绍；第二部分是实践影响，包括第四到第七章，阐述了班级规模对学生发展、教师工作效率、班级管理和校长管理的影响，对学校和班级管理从规模经济的角度提出了合理化建议。

第一章，绪论。在科教兴国的政策背景和人口出生高峰期过后教育物质资源相对过剩，发达地区师资相对充沛，国民对优质教育资源诉求强烈的现实背景下，借助师生比这一实施小班化的显著指标，对样本地区义务教育阶段学校的师生比进行统计对比，确定义务教育阶段班级规模的区间；并对本成果的研究方法、理论基础和核心概念进行阐释。

第二章，班级规模研究的国内外现状及趋势。对国外班级规模研究的文献梳理主要从班级规模与学业成绩、班级规模与学生的态度与行为、班级规模的成本和收益、缩小班级规模的实践、研究方法和对我国的启示等维度进行。对国内班级规模研究的文献梳理主要从小班化教学改革的理论研究和实践探索两大方面展开。在此基础上进行述评，提出从规模经济的视角研究小班化教学的必要性。

第三章，班级规模研究的指标设计及思路。在对班级规模相关的关键指标生师比、学校校舍平均占地面积数据进行分析的基础上，构建了班级适度规模的成本指标体系和收益指标体系，并介绍了调查问卷与访谈提纲的编制。

第四章，班级规模研究的实地调研及数据处理。对样本学校进行随机抽样，对数据处理和变量进行介绍，运用 Excel 和 SPSS 软件对统计数据进行处理，并对数据进行基本描述性分析及相关性分析，以了解调研数据的特征，并分析班级规模与各成本收益指标之间的关系。

第五章，班级规模对于学生发展的影响分析。本章对班级规模对学生的学业成绩和情感发展的相关性进行分析，将学生的情感发展作为重点，测算出不同班级规模中的学生发展状态，最后提出相应的对策建议，类推可研究收益指标体系中的其他二级指标，希望以此探索研究比较广义上的通用路径与方法。

第六章，班级规模对于教师工作效率发展的影响分析。本章选取中等水平的初中学校的班级和教师作为研究对象，将班级规模和教师的工作产出进行细化，先进行教师工作效率及其影响因素的因子分析与相关性分析，分别测算了各种班级规模下的教师总体工作效率和各类教师分别在各种班级规模下的工作效率。最后分析了班级规模对于班级管理的影响。班级规模与教学秩序、课堂结构、教育关照度、班级群体性、班级管理方式的相关性是通过量化和访谈的方式对其结果进行评价，结果显示班级规模与各个指标均呈负相关，即班级规模越小越利于班级管理。从教师的角度，班级规模较小时，教师班级管理的工作负担更轻；从学生的视角，班级规模较小时，学生感觉班级管理更加平等与自由，对班级管理的体验会更好。

第七章，学校适度规模研究及管理策略。从学校规模对教育成本和教育收益的影响两个维度来分析，将教育成本分为物质成本和人员成本；教育收益分为学生学业成绩、学生态度、学生情感和学生价值观。对于教育成本的核算，从总量的核算转变为数量的核算。学校规模对教育收益的影响分析，打破了以往仅仅从毕业生的就业及收入的角度衡量教育收益的局限。

本著作的主要观点如下。

1. 小班化教学是社会经济与教育自身发展的必然趋势，小班化教学政策以"小班"为教育教学发展的载体，将国家宏观教育政策与班级微观教学实际紧密结合，代表了各种教育相关因素共同作用所形成的整体优化效应，体现了教育观念的变革。在实施的过程中应该充分考量各国的实际小班化教育的适度班级规模。

2. 小班化教学研究应以规模经济理论为基础，深入教育微观层面的班级，尝试通过构建相应的指标体系，对义务教育阶段中小学班级成本和收益进行调查。依据规模经济理论的一般假设，假定在教育技术水平不变的条件下，可以讨论在教育成本一定的情况下，随着班级规模的变化，教育收益相对应的大小，从而确定在教育公共服务均等化视野下成本一定时，可以获得最大收益的适度班级规模。

3. 班级适度规模的成本指标体系包括教育经费配置、教师配置、设施配置3个一级指标，具体细化为8个二级指标和16个三级指标；收益指标体系包括教师工作状态、学生发展、班级管理3个一级指标，具体细化为8个二级指标和25个三级指标。该指标体系的构建是将学界现有的研究指标有所选择地、合理地运用到中小学班级适度规模的考量与评价中去，具有较强的理论价值。

4. 将班级作为一个生产厂商，将教育的经费、师资等看作生产投入，将学生情感发展看作生产收益，义务教育阶段学生情感在某一班级内的发展符合规模经济的一般规律。即班级规模由最初很小开始愈大时，学生情感发展状态也随之愈好；班级规模继续扩大到一个区间时，学生情感发展状态也达到最佳；随后班级规模愈大，学生情感发展状态反而愈差；学校和教育主管部门作为义务教育的主要管理者应该采取相应措施，充分发挥各自的作用，使学生情感发展达到最佳状态，并为推进学生全面发展、实现新课程改革中培养学生"情感态度价值观"这一政策制定提供可参考的依据。

5. 不同班级规模下的教师工作效率总体情况不同，学校和教师个人及教育主管部门应该采取相应措施，充分发挥各自的作用，使教师工作效率的发挥达到最佳状态，并为不断优化教师绩效评价的政策提供可参考的依据。

6. 班级规模越小越有利于班级管理。从教师的角度来说，班级规模较小时，其班级管理的工作负担更轻；从学生的视角来说，班级规模较小时，其感觉班级管理更加平等与自由，对班级管理的体验会更好。

7. 教育成本和教育收益与学校规模的函数模型呈现多种函数关系。虽然多种函数的曲线模型不同，却存在相似的变化趋势：如大部分类别的教育成本与学校规模的关系呈现多项式二次函数关系，或在样本学校的规模区间上与二项式函数模型的曲线基本吻合；多数教育收益的指标与学校规模的关系满足分段函数的特征，即在一定规模范围内，教育收益基本维持在较好的水平；超过此规模范围，教育收益随学校规模的增大急剧降低。存在既满足使教育成本较低又满足使教育收益较高的适度学校规模区间，此区间为 700 ~ 800 人。

将规模经济应用到教育领域的研究在我国一般局限于高等教育，本研究试图从微观层面探讨学校规模经济的可操作性，并进一步探讨我国义务教育阶段中小学的适度班级规模，努力尝试填补国内教育规模经济研究的空白。此外，通过设计出班级适度规模的成本指标体系和收益指标体系，进而重点对不同班级规模下的效益问题从学生发展、教师工作效率、班级管理三个维度进行实证研究，为在实践中对小班化教学成效进行合理评判探索一套具有一定可操作性的方法体系和范例。

本著作是作者科研成果的结晶，对于深入探讨义务教育阶段适度班级规模具有重要的参考咨询价值，我以序表示祝贺。

靳希斌
2014 年 8 月于北京

目　　录

第一章　绪　　论 …………………………………………………… 1

　第一节　研究背景 ………………………………………………… 1

　　一、政策背景 …………………………………………………… 1

　　二、现实因素 …………………………………………………… 2

　　三、研究意义 …………………………………………………… 9

　第二节　课题简介 ……………………………………………… 10

　第三节　理论基础及核心概念 ………………………………… 11

　　一、理论基础 ………………………………………………… 11

　　二、核心概念 ………………………………………………… 12

第二章　班级规模研究的国内外现状及趋势 ………………… 15

　第一节　国外班级规模研究综述 ……………………………… 15

　　一、班级规模与学业成绩 …………………………………… 16

　　二、班级规模与学生的态度与行为 ………………………… 18

　　三、班级规模的成本和收益研究 …………………………… 19

　　四、缩小班级规模实践 ……………………………………… 20

　　五、研究方法 ………………………………………………… 20

　　六、对我国班级规模研究的启示 …………………………… 21

　第二节　国内班级规模研究综述 ……………………………… 23

　　一、国内小班化教学改革的理论研究 ……………………… 23

　　二、国内小班化教学的实践探索 …………………………… 25

　第三节　国内外班级规模研究述评 …………………………… 27

第三章　班级规模研究的指标设计及思路 …………………… 29

　第一节　与班级规模相关的关键指标数据的历史分析 ……… 29

　　一、生师比 …………………………………………………… 29

二、学校校舍平均占地面积 ·············· 32

第二节 班级适度规模的成本指标体系和收益指标体系构建 ········· 35

　　一、班级适度规模成本指标体系 ·············· 36

　　二、班级适度规模收益指标体系 ·············· 37

第三节 调查问卷与访谈提纲的编制 ·············· 38

第四章 班级规模研究的实地调研及数据处理 ········· 41

第一节 实地调研 ·············· 41

第二节 统计方法与变量说明 ·············· 42

　　一、数据处理软件与统计量说明 ·············· 42

　　二、变量解释 ·············· 47

第三节 访谈及问卷基本信息处理 ·············· 48

　　一、教师问卷的预处理结果 ·············· 48

　　二、对学生问卷的处理 ·············· 51

第五章 班级规模对于学生发展的影响分析 ········· 55

第一节 班级规模与学生学业成绩 ·············· 55

第二节 学生发展与学生情感发展 ·············· 58

　　一、学生发展 ·············· 58

　　二、学生情感发展 ·············· 61

第三节 研究设计 ·············· 62

　　一、研究目标 ·············· 62

　　二、研究假设 ·············· 62

　　三、研究内容 ·············· 63

　　四、研究思路和流程 ·············· 64

第四节 义务教育班级规模与学生情感发展的相关性分析 ········· 65

　　一、义务教育班级规模与学生品行发展的相关性分析 ········· 66

　　二、义务教育班级规模与学生学习态度的相关性分析 ········· 67

　　三、义务教育班级规模与学生人际互动的相关性分析 ········· 69

　　四、东部地区班级规模与学生情感发展相关性总结 ········· 71

　　五、中部地区义务教育班级规模与学生发展的相关性分析 ········· 71

第五节 不同义务教育班级规模中学生情感发展状态的分析 ········· 72

　　一、计算方法说明 ·············· 73

　　二、东部地区不同班级规模中学生品行发展的分析 ········· 73

　　三、东部地区班级规模的分析总结 ·············· 76

四、中部地区不同班级规模中学生发展的分析 …………… 78

第六节 讨论与总结 ………………………………………… 79

一、研究结论 ………………………………………… 79

二、建议 ……………………………………………… 79

三、不足之处 ………………………………………… 82

第六章 班级规模对于教师工作效率发展的影响分析 ………… 85

第一节 教师工作效率研究 ………………………………… 86

一、国外教师工作效率研究综述 …………………… 86

二、国内教师工作效率研究综述 …………………… 90

三、国内外教师工作效率研究述评 ………………… 92

第二节 研究设计 …………………………………………… 93

一、研究目标 ………………………………………… 93

二、研究假设 ………………………………………… 93

三、研究内容 ………………………………………… 94

四、研究思路和流程 ………………………………… 95

第三节 教师工作效率影响因素分析 ……………………… 96

一、教师工作效率与影响因素的相关性分析 ……… 97

二、教师工作效率影响因素的因子分析 …………… 102

三、中部地区班级规模与教师发展的相关性分析 … 106

第四节 班级规模对教师工作效率影响的分析 …………… 107

一、不同班级规模下的教师工作效率 ……………… 108

二、不同班级规模与各类因素共同作用下的教师工作效率 … 110

三、不同班级规模与各类因素分别作用下的教师工作效率 … 115

第五节 讨论与总结 ………………………………………… 131

一、研究结论 ………………………………………… 131

二、建议 ……………………………………………… 132

三、不足之处 ………………………………………… 135

第六节 班级规模对于班级管理的影响分析 ……………… 135

一、班级规模与教学秩序的相关性分析 …………… 136

二、班级规模与课堂结构的相关性分析 …………… 137

三、班级规模与教育关照度的相关性分析 ………… 137

四、班级规模与班级群体性的相关性分析 ………… 138

五、班级规模与管理方式的相关性分析 …………… 139

六、中部地区班级规模与班级管理的相关性分析 … 139

第七章　学校适度规模研究及管理策略 ………… 143

第一节　学校规模研究综述 ……………………… 143

一、国外学校规模研究综述 …………………… 143

二、国内学校规模研究综述 …………………… 146

三、国内外学校规模研究述评 ………………… 149

第二节　研究设计 ………………………………… 150

一、研究目标 …………………………………… 150

二、研究假设 …………………………………… 150

三、研究内容 …………………………………… 151

四、研究思路和预设 …………………………… 152

五、抽样设计 …………………………………… 155

第三节　学校规模对教育成本的影响 …………… 155

一、学校规模对物质成本的影响 ……………… 156

二、学校规模对人员成本的影响 ……………… 165

三、小结 ………………………………………… 167

第四节　学校规模对教育收益的影响 …………… 168

一、学校规模对学生学业成绩的影响 ………… 168

二、学校规模对学生生活态度的影响 ………… 169

三、学校规模对学生情感的影响 ……………… 175

四、学校规模对学生价值观的影响 …………… 180

五、小结 ………………………………………… 185

第五节　讨论与总结 ……………………………… 186

一、研究结论 …………………………………… 186

二、建议 ………………………………………… 187

三、不足之处 …………………………………… 188

附　录 ……………………………………………… 189

参考文献 …………………………………………… 208

索　引 ……………………………………………… 211

后　记 ……………………………………………… 214

第一章 绪　　论

第一节　研究背景

一、政策背景

"科教兴国"是我国一代又一代领导人之于教育事业不变的战略思想。它的理论奠基人邓小平同志提出坚持实现四个现代化，科学技术是关键，基础是教育。2010 年，国家发布的《中华人民共和国国民经济和社会发展第十二个五年计划》（下文简称为《十二五规划》）中，继续将科教兴国摆在了科技、教育、人才规划部分的重要位置。《十二五规划》对教育提出了"加快改革"的要求，其中提出"按照促进公平、提高质量要求"。同年，在《国家中长期教育改革和发展规划纲要（2010—2020 年）》（下文简称为《教育规划纲要》）中也提出要"建成覆盖城乡的基本公共教育服务体系，实现基本教育公共服务均等化，缩小区域差距"，要求"各级政府要切实履行统筹规划、政策引导、监督管理和提供公共教育服务的职责，建立健全公共教育服务体系，逐步实现基本教育公共服务均等化，维护教育公平和教育秩序"。

自党的十七大以来，促进教育的平衡性、全面性是教育发展振臂高呼的口号。而《十二五规划》和《教育规划纲要》在教育公平的基础上，更加注重提高教育质量的要求。公平和效率是矛盾的两面，但社会对教育发展有着新的需求，并在政策的导向上有所体现。在提高效率兼顾公平的背景下，提高对教育公平的质量内涵的理解，更为倡导。

《十二五规划》和《教育规划纲要》要求促进教育公平，更需关注的是此处对公平又给出了"合理配置公共教育资源"的释义。资源是有限的。究竟何谓"合理"呢？从经济学的视角看，在（教育）资源总是稀缺的条件下，"合理配置公共教育资源"是最为重要的一个实现途径。学校是学生接受教育的主要场所，自从班级授课成为学校教育的主要教学组织形式，班级就成为了学生接受学校教育的基本组织形式，也是学校教育结构系统中最基础的构成要素①，因此，在总体学校教育资源一定的条件下，一个班级学生人数的多少，即班级规模的大小会直接影响到每一个学生能够获得的教育资源的多寡，这也就使得班级规模成为学校教育资源配置的一个显著指标。

班级规模问题的探析与研究由来已久。国外的班级规模研究和实验历时数百年，大致经历了三个时期：大班化教学时期、小班化教学时期和小班化教学重新定位时期。在我国，小班化教育起源于发达的地区，1996年上海率先开展小班化教育的实验研究。实行小班教育改革以来，人们一方面需对改革成效进行评判；另一方面，随着义务教育发展的重点逐渐转向提高质量，不断地探索适度的中小学班级规模正体现了从要求教育数量向要求教育质量的转变。

二、现实因素

目前，美国、日本、韩国等政府相继掀起了一场缩小班级规模，增进教育关照度的热潮；我国2010年颁布的《教育规划纲要》也明确提出义务教育要"深化课程与教学方法改革，推行小班教学"。在我国，小班化教育起源于长三角、珠三角和京津塘等几个经济发达的地区，也已经走过了近20年的发展历程，尤其是近年来，我国教育发展的改革方向日益集中到追求教育发展质量上，小班化教学作为优质教学的有效的实施途径，持续引人关注，并有了一定的研究成果。

（一）我国义务教育小班化教学发展的历史背景

我国义务教育小班化教学的广泛出现，或者说缩减班级规模行动的开展，主要基于以下三个方面的原因。

1. 人口出生高峰过后，教育物质资源相对过剩

自1986年开始，我国进入了第三次人口出生高峰时期，于是在1992年前后，为了应对第三次人口出生高峰带来的适龄儿童接受教育所产生的极大需求，国家新建了大量的学校，扩大了义务教育规模。但是，至1995年，随着第三次人口出生高峰影响的逐渐散去，小学和初中适龄入学人数

---

① 王燕：《我国中小学班级规模研究》，西安，陕西师范大学出版社，2008。

都在20世纪90年代后期持续大幅减少，在校学生总人数亦在不断减少。在这种情况下，为了减少学校硬件设施的空置，更好地利用现有的教室等物质资源，很多学校开始尝试缩小班级的规模，开展小班化教学。

2. 教师教育发展良好，师资相对充裕

在义务教育阶段在校学生持续减少的同时，由于我国教师教育的迅猛发展，师范教育毕业生在一定时间段内出现不断上升的趋势，并且其学历层次也大幅的提升。教师来源走向多元化，基础教育师资不仅仅来源于传统的师范教育学校，部分综合性大学也开始培养出了一批高水平、全方位的教师人才。这样的发展条件下，义务教育的师资出现了局部范围里相对充裕甚至过剩的局面，为小班化教学的实现和发展奠定了软件基础。

3. 社会经济逐步发展，国民对优质教育的诉求不断加强

伴随着国家社会经济的持续繁荣发展，人民群众在教育方面的要求也在不断地提高，不再满足于接受教育，逐级获得学历水平的提升，而是更加关注教育质量的提高，强烈要求获得高品质、多素质的教育，人民群众的教育诉求从"有学上"逐渐演变为"上好学"。同时，我国教育事业，尤其是义务教育也取得了前所未有的辉煌成就，有条件逐步满足人民群众的诉求，于是代表"优质教育""精品教育"的小班化教学在我国出现了。

（二）上海市义务教育小班化教学发展的历史演进

我国小班化教学开始于20世纪90年代中后期，上海凭借其极高的社会经济发展水平，最早开始了对小学小班教学的实践探索，是我国最早展开较大范围小班化教学探索的地区。

1996年，上海市教育科学研究院普通教育研究所受上海市教委的委托组织了"步出高峰后，优化教育资源及进行小班化教学的可行性研究"的专项课题组，进行了小学小班化教学的专题研究，探究上海市缩小班级规模，开展小班化教学的可行性预测，在理论层面奠定后续发展的基础。在课题组的专题探讨中，建立了班额的学生数、教师的配备数和教室的配备数这些基本要素构成的配置模型，并在模型分析的基础上预测了上海市小学阶段实施不同班级配置的年份预测。在小班化教学实施试点研究的基础上，课题组得出两点基本结论，其一是上海市小学阶段实施小班化教学是可行的；其二是基于当时的条件，在上海市小学阶段广泛开展小班化教学依然有很多困难。

1996年9月，黄浦区北京东路小学作为"小班化教学"专项研究课题

组的试点学校，对不同年级的三个班开始了实践操作，论证其实施的效果。一个学期后，试点班级实施效果证明学生学习效果、学习习惯均有明显改善，教师素质也有显著的提升。1997年9月起，试点范围扩大，上海市黄浦、静安、卢湾、南市、徐汇、虹口、闸北和金山等8个区县的10所小学，共33个一年级起始班级的1044名学生作为全市首轮"小班化教学"的试点对象。在这一轮试点中，每个班级人数22～24人左右，最少的有19人，最多的有28人，配教师2.5人，实行语数包班制教学。1998年，上海市试点学校增加到150所，占全市小学学校总数的近20%，并且逐步在全国推广其经验。1999年达到280多所，部分区在一年级基本普及了小班化教学。到2000年8月底上海市基础教育工作会议宣布，试点经验从2001年秋在全市普遍推广，3～5年内达到80%的小学实行小班化教学。2003年，提出努力推进小学小班化教育，研究并制定与"小班化教育"配套的教育投入、师资配置、办学条件和教育管理等政策。2008年2月，上海市教委在义务教育阶段招生入学工作的实施意见中指出，班级规模必须控制到40人以内，条件较好的地区，小学阶段班级规模应在30人以内，初中阶段应在35人以内。此后的数年时间里，上海市的各个区县继续积极地走在小班教学探索的道路上。

（三）小班化教学的显著性指标——生师比

在班级中，教师与学生是毋庸置疑的两大主体，两者的互动行为即产生班级日常的活动。在这一层意义上看，小班化教学实施的关键就是调整教师与学生之间的比例，其主要的优势是在教师与学生比例缩小后，教师对学生的指导时间普遍增加，师生交往增多，教师可以有更多的时间与精力针对每一名学生在具体阶段中的发展需求进行单独指导，强化了教师对学生学业发展乃至品格培养的影响力，促进了学习质量的提高，因此，教师与学生的比例，也就是教育学中"生师比"的概念，一般是指某学校（或者班级）专任教师数与在校学生数的比例。生师比是小班化教学实施的一个显著性指标，借助生师比对于小班化教学发展的现状进行分析是再合适不过的。

1. 上海市生师比与全国生师比的对比

根据生师比的一般概念，生师比＝在校学生数/专任教师数，依据在校学生数、专任教师数的统计年鉴数据，计算出2001～2009年的上海市与全国义务教育生师比情况（见表1-1）。

表 1－1 2001 ～ 2009 年上海市与全国义务教育生师比情况

年 份	上海市			全 国		
	在校学生（万人）	专任教师（万人）	生师比	在校学生（万人）	专任教师（万人）	生师比
2001	127.4	7.8	16.3	18975.1	914.6	20.7
2002	119.0	7.6	15.8	18761.1	920.9	20.4
2003	110.6	7.3	15.3	18433.7	917.0	20.1
2004	105.5	7.1	14.8	17822.5	910.6	19.6
2005	99.7	7.1	14.1	17130.3	906.4	18.9
2006	97.4	7.1	13.7	16720.4	905.1	18.5
2007	96.0	7.2	13.3	16358.1	907.7	18.0
2008	101.6	7.4	13.7	15959.8	909.1	17.6
2009	109.7	7.8	14.1	15561.2	914.6	17.0

说明：根据 2001 ～ 2010 年《中国统计年鉴》《中国教育统计年鉴》和《上海统计年鉴》整理、计算。

根据表 1－1，可以在整体上审视 21 世纪第一个 10 年中，义务教育阶段上海市与全国生师比及其两者的对比情况；为了更加直观地表现两者之间的对比，根据表 1－1 绘制图 1－1。

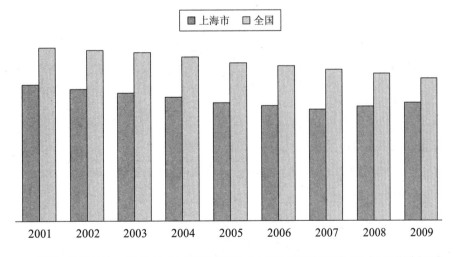

说明：根据 2001 ～ 2010 年《中国统计年鉴》《中国教育统计年鉴》和《上海统计年鉴》整理、计算。

图 1－1 2001 ～ 2009 年上海市与全国生师比对比图

从图1-1中可以看出，上海市义务教育阶段生师比在2001～2009年间，整体呈现先略微降后再上升的凹谷型变化趋势，一直在14.0～16.5之间波动，其中，2001年生师比最高为16.3，2007年达到谷底值13.3；全国义务教育阶段生师比在2001～2009年间，整体呈现平缓下降的趋势，一直在17.0～21.0之间波动，其中，2001年为最大值20.7，2009年达到最小值17.0。总体看来，义务教育阶段上海市和全国生师比总体上呈现下降趋势，其原因主要是，一方面，义务教育适龄学生逐年减少造成的生源数量减少；另一方面，教师的学历水平和整体水平提高造成的教师结构优化，教育人力资源利用率逐步提高。这种下降趋势正体现我国应对日益增长的个性化、多样化、优质化教育需求时，采用一种缩小班级规模、开展小班化教学的策略。

对比上海市和全国义务教育生师比情况，可以看出，2001～2009年，义务教育阶段上海市生师比小于全国生师比，两者的差值在一段时间内较稳定，呈现较为平滑的倒抛物线状，平均差值为4.4，2003年两者的差值最大为4.8，2009年差值最小为2.9。其原因有两方面。首先，上海市是我国长三角经济发达地区的龙头，是我国最重要的经济与金融中心之一，社会经济发展水平高，因而整体教育水平高于全国，最主要的原因可以归结为政府对教育的投入水平较高，教育财政支持力度较大，无论是在教育经费、教育设施，还是师资投入方面，义务教育阶段资源均衡配置程度较高，因而上海市生师比一直低于全国。其次，自2003年，全国义务教育生师比与上海市义务教育生师比的差距逐年缩小，一方面，由于随着社会经济的发展，国家通过教育财政转移支付等手段加大了对中西部地区教育事业的财政支持力度，促进了中西部教育的发展，使得全国义务教育发展均衡化有所提高；另一方面，由于更多的外来务工子女随父母在上海就学，被纳入了上海市义务教育的范畴，在一定程度上增加了上海市适龄入学学生的数量，致使上海市生师比在2008年起出现增长趋势。

2. 上海市各区县生师比的对比

在整体把握全国与上海市义务教育生师比情况后，应该具体研究上海市各个区县的实际情况，根据上海市2006～2011年统计年鉴中教育一章中的在校学生数和专任教师数，计算得出表1-2，即2005～2010年上海市各区县的生师比的具体情况，从全市的整体情况来看，生师比是呈现波浪形起伏的，大致保持在14～16的水平，平均值为14.6。对比各区县的情况，生师比的差异非常明显，黄浦区等的生师比一直比较低，一般在11.0左右，而松江区等的生师比普遍较高，一般在17.1左右，由此可以看出，上海市城区往往生师比比较低，而郊区各区县的生师比明显较高。

这一情况与上海市和全国的对比情况基本一致，经济发达地区生师比明显较低，一方面郊区各区县教师资源相对匮乏，另一方面郊区学校规模相对较大，也致使生师比相对更高。此外，近些年进城务工子女就学对上海市义务教育结构产生了较大的影响，如在对调研样本学校 L 中学校长的访谈过程中他反复提到，由于周边社区进城务工人员日趋集中，该学校生源中进城务工子女比例大幅提升，致使 6 年级班级规模有扩大的趋势，但是由于目前政策限制，进城务工子女必须返回生源地参加中考，这又使得 9 年级班级学生迅速减少，各个年级的班级规模差异较大。

根据表1－2数据，将2010 年数据作为典型样本单独进行分析（见图1－2）。根据图1－2，可以看到，2010 年上海市全市范围内生师比在10.0 ～20.0 之间，平均生师比为15.5，最高的区为松江区19.9，最低的区为崇明县10.3，两者的差值为9.6，差异较为明显。本研究中的三个样本区的生师比分别为：长宁区12.3，普陀区16.4，闵行区16.8，平均生师比为15.17，基本与上海市生师比平均水平一致，也可以从另一个侧面说明本研究选取的样本能够从整体上反映出上海市义务教育班级规模的概况，具有一定的代表性。

表1－2　2005 ～ 2010 年上海市各区县生师比情况

地　区	2010	2009	2008	2007	2006	2005
浦东新区	16.4	15.8	15.0	14.5	14.3	14.2
黄浦区	10.4	10.7	10.9	10.7	11.5	12.1
卢湾区	10.4	9.9	9.9	10.8	10.5	12.7
徐汇区	13.6	13.7	14.4	15.7	16.4	17.4
长宁区	12.3	12.0	12.1	12.6	13.1	12.3
静安区	12.6	12.5	12.8	13.1	12.6	10.1
普陀区	16.4	17.3	16.7	17.5	17.7	19.3
闸北区	13.4	13.3	13.1	12.6	12.9	13.5
虹口区	11.5	11.9	12.3	12.9	14.4	14.0
杨浦区	11.4	11.4	12.5	11.5	13.1	12.8
闵行区	16.8	16.7	15.1	14.3	13.5	13.6
宝山区	15.7	15.7	14.3	13.6	14.6	14.4
嘉定区	19.0	17.6	15.8	13.8	14.2	14.7

续表

地 区	2010	2009	2008	2007	2006	2005
金山区	16.2	15.6	14.4	13.6	14.3	15.4
松江区	19.9	19.1	17.3	15.2	15.2	16.1
青浦区	17.8	16.4	15.2	14.4	14.3	14.0
奉贤区	17.8	18.0	17.2	16.8	17.3	16.7
崇明县	10.3	10.4	10.8	10.6	11.4	12.0
农场	—	—	12.9	17.0	14.1	16.5
平均值	15.5	15.2	14.4	13.9	14.2	14.4

说明：根据 2006 ～ 2011 年《上海统计年鉴》整理、计算。

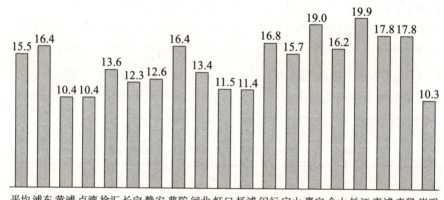

说明：根据 2006 ～ 2011 年《上海统计年鉴》整理、计算。

图 1-2　2010 年上海市各区县义务教育生师比情况

3. 上海市义务教育班级规模区间的确定

2002 年 4 月，由教育部、国家发展计划委员会联合发布了《城市普通中小学校校舍建设标准》，此标准中虽然没有明确说明班级规模的硬性标准，但还是指导性地限制小学至高中阶段每班学生人数不得超过 50 人；2008 年，由国家住房与城乡建设部、国家发展改革委员会编制的《农村普通中小学校建设标准》中对义务教育班级人数规定近期目标 50 人，远期目标 45 人。同时，按照学界现有的研究以及上海市在小班化教学探索的实践，上海市的义务教育要求班级规模力争不超过 40 人，每班配教师 2.5人。因此，结合上海市近六年的生师比分析，按照最低值 10.1，最高值19.9，平均值 14.6，大致可以计算得出，目前上海市班级规模的区间范围是 25 ～ 40 人。

基于上海市 25 ～ 40 人的班级区间范围，以及班级规模过往研究中按照整数间断班级规模区间的惯例，本研究的第五章对班级规模与学生情感发展进行相关性分析，在说明不同班级规模中学生情感发展实际状态时，将班级规模划分为 20 人以下、21 ～ 25 人、26 ～ 30 人、31 ～ 35 人、36 人以上 5 类区间，进行深入研究。

三、研究意义

提高教育质量，增进教育公平是《十二五规划》和《教育规划纲要》的重要内容，而提高教育资源利用率，优化教育资源的配置对于我国这样一个"穷国办大教育"的国家又具有尤为重要的作用。适度的班级规模具有降低教育成本，增加教育收益的效果，因而对于提升教育质量、促进教育公平和优化教育资源配置均具有重要意义。

有关教育规模的研究表明，任何一级教育的扩展必然向其两端产生波动效应。义务教育作为教育系统的重要组成部分，是学前教育与高中教育的连接纽带，在教育发展过程中把握义务教育阶段的班级规模对于其本身和整个教育的发展都有重要价值。我国适学人口的减少和师资规模的扩大又为合理调整班级的规模提供了客观条件，因此，探讨合理的义务教育阶段的班级规模在理论和实践中都有重要意义。

（一）研究的理论意义

规模经济是一种普遍存在的经济现象，始于对成本降低的分析。具体应用到教育领域，既有其独特的优越性，又存在明显的局限性。而关于学校规模经济的研究在我国一般局限于高等教育领域，本研究试图从微观层面探讨学校规模经济的可操作性，并在中等教育层面上探讨上海市中等教育水平的义务教育阶段的中小学的班级规模，弥补规模经济研究仅仅局限在高等教育学校层面的现状。

本课题研究中小学班级适度规模可以探讨如何在班级教学中实现规模经济效益，在保证课堂有效教学的同时，提高有限优质教育资源的使用效率，减少闲置与浪费，促进其更加合理地配置，从而从微观层面上促进教育公共服务的均等化；本课题研究拓宽了有关规模经济理论，将其研究对象从以往高校规模研究延伸到中小学规模研究，从学校规模研究延伸到班级规模研究。

（二）研究的实践意义

关于班级规模的研究已历时数年，上海市作为我国教育改革的先锋地，在小班教学方面取得了良好效果。20 世纪 90 年代中后期，上海提出教育率先实现现代化，同时定位于建设世界级大都市，其经济实力的提高也给小班教学奠定了经济基础，并受到发达国家在教育改革中实施小班教学的较大影响。本研究将对上海市小班教育改革以来的举措及其实施效果进行总结与评价。以班级的视角审视教育收益，也寻求了教师、学生效率最佳情况下的班级适度规模。对学校管理者而言，可综合考虑学校的办学理念和宗旨，选择合适的班级规模以达到最佳的教学效果，对推进学校教育教学改革，完善校长工作，合理管理学校提供了有力借鉴。

第二节　课题简介

"义务教育阶段班级规模的效益研究"（13FJX008）系国家社科基金后期资助项目。本课题从规模经济的视角出发，深入微观层面的课堂，通过中西东部城市、城郊和农村三类区划的义务教育阶段中小学班级成本和收益调查，构建了义务教育阶段中小学班级适度规模测算和评价模型，并通过二次调研、修正，提出了关于班级适度规模及其评价的方法和标准；同时，在保证不同学校有效教学的前提下，提高资源配置效率提出建议，并力求为达到教育公共服务均等化的目标在宏观层面提出合理的政策建议。自 2010 年 1 月 19 日正式开题以来，在课题主持人张万朋博士的带领下，课题组通过不懈的努力，做了大量的工作，使得课题按照预先的设计计划有条不紊地进行，并且取得了丰富的研究成果。回顾研究历程，课题组主要致力于三方面的研究。首先，课题组在前期研究的基础上进一步收集、整理文献资料，通过整理与分析大量的文献，着力在现有理论研究与实践探索的基础上，更好地把握"义务教育阶段班级规模的效益研究"的进一步研究方向，从而也为实地调查研究的大范围展开打下坚实的基础。其次，根据文献与理论研究丰硕成果，课题组初步构建了学校和班级适度规模的成本指标体系和收益指标体系，并且以此编制调查问卷（包括教师问卷和学生问卷）和访谈提纲（包括教师访谈提纲和校长访谈提纲），开展了在上海市三个区典型的样本学校的实地调查研究，获得了丰富的第一手资料，使得本课题的研究进入了一个更高的层次。最后，对调查问卷进行了卓有成效的处理工作，并根据处理结果得出了义务教育阶段中小学的适度班级规模，同时在这些研究的基础上，作为课题的补充和完善，课题负责人增加了对学校规模的相关研究，深化了义务教育阶段的中小学规模与成本效益研究的研究视角。

课题的研究主要采纳了以下几种研究方法。

（1）文献分析法：通过文献资料的收集和整理，分析国内外关于班级规模问题的研究成果，总结其经验及不足，为本研究提供理论指导和实证借鉴。

（2）比较研究法：对比国内外关于班级规模的研究，分析其相同及不同之处，得出普遍适用的研究方法及针对不同情况应当选取的实验方式，为本研究提供有益的参考。

（3）教育实验法：根据研究的内容和限制条件，作出必要的实验假设，并根据假设选择样本，目的是控制部分实验因素对自变量和因变量的影响。

（4）调查研究法：根据教育成本和收益指标编制问卷和访谈提纲，通过问卷调查和访谈调查，测量教育技术水平相同的不同学校其不同规模班级成本和收益的情况。

第三节　理论基础及核心概念

一、理论基础

（一）规模经济

"规模经济"（economics of scale）是指在一定科技水平下扩大生产能力，以使长期平均成本下降，即长期费用曲线呈现下降的趋势。规模是指生产的批量，具体有两种情况：一种是生产设备条件不变，也就是生产能力不变情况下的生产批量变化；第二种是生产设备条件变化，即生产能力变化时的生产批量变化。规模经济中的"规模"指的是后者，随着生产能力扩大生产批量将扩大，而"经济"则含有节省、效益、好处的意思。按照权威性的解释，包括拉夫经济学辞典中的解释，"规模经济"指的是在给定的技术条件下（没有技术变化），对某一产品（单一产品及复合产品），如果在某些产量范围内平均成本有上升或下降变化的话，就认为存在着规模经济（或不经济）。若长期平均成本曲线向下倾斜，在某种意义上长期平均成本曲线便是规模曲线，曲线上的最低点就是"最小最佳规模"（minimum optimal scale，MOS）。

因此，"规模经济"一般界定为：在初始阶段，由于厂商扩大生产规模而使经济效益得到提高。而当生产扩张到一定规模后，厂商继续扩大生产规模，会导致经济效益下降，则叫作"规模不经济"。高校扩招主要以增加在校生规模为扩大规模的标志，是否达到规模经济是测量办学效益的一个指标，具体来说就是衡量扩招能否降低人才培养的生均成本或进行科研活动的单位成本。

（二）教育生产函数

"生产函数"（production function）是指在既定的工程技术及知识水平条件下，给定投入之后能够得到的最大产出。生产函数表示在一定时期内，技术水平不变的条件下，生产中所使用的各种生产要素的数量与所能生产的最大产量之间的关系。

在教育领域内，国外对教育生产函数进行了较为广泛的研究。这类研究始于科尔曼（Coleman）报告。最初的理解是教育生产过程基于对教育生产函数的估算。因此，对工业生产函数的计量和对教育生产函数的计量相似性明显。教育生产函数用来估算教育投入与产出之间的一种统计关系。一般性公式为：

$$A_t = f\ (F_t,\ T_t,\ OS_t)$$

A_t 代表一个学生在时间 t 所取得的学业成就；F_t 代表到时间 t 为止，来自于家庭方面并对学生学业成就有影响的各种因素，如父母的受教育程度、收入、种族，以及家庭中所使用的语言等；T_t 代表到时间 t 为止，教师投入到一个学生身上的各种因素，包括教师的资格、教师学历、教师表达能力、教师的教育素养、教师的教学时间、教师的教学热情等；OS_t 代表学校的其他投入要素，包括各种物质条件、学校经费投入、班级规模、图书资料、课程、教辅人员情况、管理人员情况等。教育生产函数运用多元回归模型，在得到每一种投入要素的测量结果后加以统计方法估算。

二、核心概念

（一）义务教育

"义务教育"，又称"免费教育或者强迫教育"，往往指根据法律规定，适龄儿童和青少年都必须接受的，国家、社会、家庭必须予以保证的国民教育。其实质是国家依照法律的规定对适龄儿童和青少年实施的一定年限的强迫教育的制度。本研究是对上海市 3 个样本区（长宁区、普陀区和闵行区）义务教育阶段班级规模与学生情感发展的研究，不涉及上海其他区县、上海市以外地区的义务教育阶段。根据 2006 年 6 月我国颁布的《义务教育法（修订案）》中的规定："国家实行九年义务教育制度"，本研究涉及小学和初中全部两个义务教育阶段，即通常意义上的 1～9 年级，但是由于考虑到 1～2 年级的学生对于问卷调查与访谈调查在参与能力上的限制性，在研究开展的全过程中，一直未将这一部分学生列入本研究的范围。本研究仅涉及我国一般义务教育阶段，不包括特殊教育、职业教育等类型教育中的义务教育阶段。本研究中，考虑到保证义务教育技术水平（包括硬件水平、软件水平和环境因素，涉及义务教育的经费投入、设施建设、设备投入、教师资源投入、教育教学方法、学校教学管理、管理政策、学校周边社区环境等诸多方面）的大致相当，讨论中剔除了义务教育阶段学校中的示范性学校、双语教学学校和专业特色学校。

（二）班级规模

班级是教育学的最基本概念之一，最先使用这一概念的是文艺复兴时期的德国教育家伊拉斯谟（Desiderius Erasmus），17 世纪捷克教育家夸美纽斯（Johann Comenius）在其著作《大教学论》中将此概念深化，形成了系统化的班级授课制理论，班级授课至今仍是学校教育中最普遍的教学组织形式。班级是学校教育教学的基本单位，班级按照既定的导向与规则将一定数量的教师和学生群体组织在一起实现教育目标。"规模"是指某一事物所包含或者呈现的范围。在经济学中，"规模"一词主要应用于规模效应、规模效益、规模报酬等概念之中，主要反映了成本与收益在生产产量范围之内的变化关系。"班级规模"可看作是教育学概念与经济学概念有效结合而出现的，它是与教育培养效率、培养质量密切相关的一个量化指标。目前学界普遍使用的"班级规模"的概念指的是一个特定教师指导下的一个特定班级或教学团体的学生人数[①]。从更广义的概念上来看，班级规模还可以指一个班级内包含的教师和学生数、教学和活动课时数，以及班级图书、教学设施规模等。本研究中，"班级规模"指在客观社会经济环境不变、教育教学技术水平恒定的条件下义务教育阶段学校中，在样本区一个行政班内的注册学生人数。

---

① 和学新：《班级规模与学校规模对学校教育成效的影响——关于我国中小学布局调整问题的思考》，《教育发展研究》2001 年第 1 期。

第二章 班级规模研究的国内外现状及趋势

第一节 国外班级规模研究综述

　　班级是指以持续的学习为目标，而且在成员之中存在指导与学习的分工，且在课堂里进行学习至少包括了两个以上的人的群体组织①。为普及教育、扩大教育规模、提高教学质量和效率，班级授课制在近代资本主义时期萌芽。班级授课制代替了在分散的小农经济和封建隔绝状态下长期实行的个别教学组织形式。夸美纽斯从理论上对班级授课制进行总结和论证，他认为，学生可以在课堂教育中相互影响，相互促进；而从教育的效果与效益来看，与以往的个别教学相比，课堂教学可以收到事半功倍的效果②。之后，赫尔巴特等教育家进行补充，班级授课制得以进一步完善。

　　目前，世界上大多数国家仍采用班级授课制作为最基本的教学组织形式。班级授课制有利于大规模的高效教学，有利于学生获得系统、连贯的知识，有利于发挥群体的教育作用。但班级授课制难以照顾学生个性发展。

　　自从有了班级授课这种形式，班级规模的问题也随之而生。班级授课初期，班级规模一般仅20～30人。19世纪后半期，各国公共教育制度兴起，学生人数也急剧增加，美国一些城市中小学的班级人数在60人以上。20世纪50年代，班级人数在40～50人。60年代以后，随着社会经济的发展、教育投入的增加、人口自然出生率的下降，学校入学人数逐年减少。美国的学校班级人数逐步减少到20～25人，小班化教学又在美国日益兴起③。

---

① 〔日〕片岗德雄：《班级社会学》，贺晓星译．北京，北京教育出版社，1993。
② 〔捷克〕夸美纽斯：《大教学论》，傅任敢译，北京，人民教育出版社，1984。
③ 王燕：《我国中小学班级规模研究》，西安，陕西师范大学出版社，2008。

国外有关班级规模的研究历时数百年，大致经历了三个时期，即大班化教学时期，以赖斯（J. M. Rice）为代表，主要从教育效率出发，关注班级规模与学生学业成绩间的关系，认为班级规模与学生成绩的关系不大；小班化教学时期，以格拉斯（G. V. Class）和史密斯（M. L. Smith）为代表，主要从提高教育质量、促进教育公平出发，认为减小班级规模有利于提高学生学业成绩；小班化教学重新定位时期，主要思考"如何最优地利用小班化教学机会提高教育质量"的问题。国外的班级规模核心研究领域集中在其与学生学业成绩、教育效率、教育公平之间的关系。

在国外，班级规模的问题较早受到重视，各国都实施缩减班级规模的措施。尤其20世纪80年代以来，西方一些国家的学校中，一些学生参加学校各项活动时得不到积极的反馈，出现了严重的厌学现象。基于此，如何通过缩减班级规模来提高基础教育质量，成为教育界人士普遍关心的问题。此时，各国相关研究与实践极为丰富，如美国的"缩小班级规模"实验、美国田纳西州的"星计划"、法国著名的"模范中学"实验、日本国立教育政策研究所班级规模调查以及韩国的"十大教育改革"方案等。这些研究多数旨在通过积极招聘教师，逐渐缩小班级规模，尽可能地为各类学生倾注更多心血，从而提高学生的学业成就。

经过近30多年的探索和发展，小班化教学在国外，尤其在发达国家已非常普遍。《教育概况：经济合作与发展组织指标——2005》显示，经合组织成员国平均班级规模是小学为21.6人，初中为23.9人。其中，希腊、冰岛、卢森堡、瑞典和加拿大的班级规模最小，小学一般在15～20人之间；德国、法国、英国、挪威等欧洲国家的班额居中，一般都在20～30人左右；韩国和日本的班级规模最大，两国小学班级规模平均数分别为34.7人和28.6人。

一、班级规模与学业成绩

大致说来，班级规模与学业成绩的研究经历了五个不同的发展阶段：前实验期（1895～1920年）、初级实验期（1920～1940年）、大班化教学研究期（1950～1970年）、个别化教学研究期（1970～1978年），以及综合分析期（1978年后），各个阶段所使用的研究方法和技术以及所探讨的具体问题都存在着差异①。

20世纪20年代开始，班级规模与教学质量之间的关系引起了人们更深的认识。1929～1930年，美国的怀特勒（Whitel）和威勒（Weller）以

---

① 冯建华：《小比大好，还是大比小好》，《教育研究与实验》1995年第4期。

24 个小学班级作为研究对象，对班级规模所产生的影响进行了实验研究。实验发现小班的教学效果较大班更好，小班学生的学习成绩较好。

20 世纪五六十年代，美国的学生人数急剧增加，教育经费紧张。行政人员试图扩大学校和班级规模，提高教学效率。但这期间缺乏严格的实验设计，仍无法解释班级规模与学生成绩之间是否存在相关关系。

20 世纪 70 年代末，研究人员开始引入新的实验研究方法。格拉斯和史密斯的研究发现：小班在学生反应、学习成绩、教师士气等方面占有优势。他们还发现：若将人数约 18 人的班与人数约 28 人的班进行比较，69% 的对比说明小班学生的成绩较好；若将人数为 2 人的小班与人数为 28 人的班比较，则有高达 98% 的比较倾向表明小班学生成绩好。他们将研究中的 109 项比较结果用曲线表示，形成了"格拉斯－史密斯曲线"（见图 2－1）。

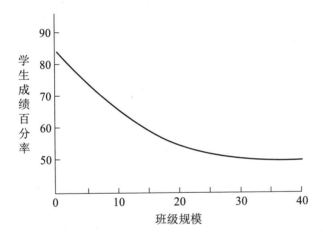

图 2－1　格拉斯－史密斯曲线

图 2－1 的整体趋势显示，班级规模缩小，学生的学业成绩提高。但仅当班级规模缩到每班 15 人以下时，学生成绩才明显提高。该研究还指出，"格拉斯－史密斯曲线"所显示的班级规模与学生成绩的关系具有普遍意义，它不因为学生的年龄和学习能力的差异而发生变化，那就是：班级规模越小，学生成绩越好[①]。

然而，格拉斯和史密斯的研究在教育界引起了强烈的争论。史拉温（R. Slavin）明确指出：该研究严重混淆了班级规模与个别辅导的差异。如果排除 1 人的班与大班之间的比较，那么班级规模的真正影响就会显得微乎其微。史拉温声称，"班级规模对学生的成绩并无显著影响，除非将班

---

① 陈奔云：《美国关于班级规模的实证研究》，《国外教育研究》2004 年第 9 期。

级规模缩小到每班不多于 3 个学生"①。他在此基础上创立了"最佳证据综合法"。史拉温指出，从总体上说，只有将班级规模进行大量的缩小，如从每班 27 人减少到 16 人，小班的确会给教学带来积极的影响，但真正最有效的教学方法是个别辅导教学②。

1990 年，罗宾逊（Glen E. Robinson）及其同事运用相关归类法，按年级、学科、学生特点、学生成绩、学生行为和教学实践等因素，对 1950 ～ 1985 年 100 个有关班级规模进行研究③。其结论为以下七点。小班，尤其是人数为 22 或 22 人以下的班，对幼儿园至小学三年级的学生在数学和语文学习方面有最积极的影响，但其效果可能在一年后逐步消退；在小学低年级，小班对学生的学习态度和行为有最积极的影响；小班对家庭经济条件差的学生和少数民族学生的学习成绩有积极的影响；对小学以上各年级的大多数学生而言，在大多数学科上，班级规模在 23 ～ 30 人并无显著影响；随着年级升高，小班对学生成绩的影响逐步减小；如果教师在小班中继续采用和在大班中同样的教学方式、方法和手段，那么，缩小班级规模对学生的学习成绩并不带来积极的影响；与其他许多类似或更加有效，但更为经济的教学策略相比，缩小班级规模对学生的学习成绩影响不大④。

二、班级规模与学生的态度与行为

卡亨（L. S. Cahen）的研究表明：在规模较小的班级里，教师和学生往往表现得更愉快、活跃，较小规模的班级可以更好地满足学生的需要。小班学生认为课程满意度更好，在课堂上大胆发言的愿望和频率、与教师的关系及自主意识养成方面也都优于大班学生。

格拉斯和史密斯查询了 60 多篇关于班级规模和学生情感因素关系的研究报告。其中 85% 的研究表明：在学生情感方面，小班优于大班（见图 2 - 2）。美国科罗拉多州立大学的博兰德（S. F. Bolander）对大学的班级与学生动机的调查也证明了这一点。

图 2 - 2 表明：班额越大，学生的情感指数越低；而少于 10 人班级中

---

① Slavin, R. Class size and student achievement：is smaller better, *Contemporary Education*, vol, 62, no. 1.

② 钱丽霞、顾瑾玉：《关于国外班级规模缩减问题的研究》，《外国教育研究》2000 年第 6 期。

③ Robinson. G. 1990："Synthesis of research of the effects of class size", *Education Leadership*, no. 4.

④ 湛启标：《班级规模与学生成就——美国"CSR"实施述评》，《教学与管理》1999 年第 10 期。

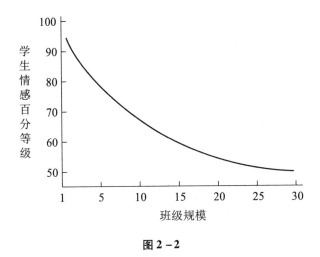

图 2-2

的学生，在情感方面的收获会更大。

相比而言，班级规模对学生情感的影响程度远远高于对学业成绩的影响。

三、班级规模的成本和收益研究

在西方国家中，成本和收益问题在班级规模的研究中总是备受关注。其主要的研究方法是分析缩小班级规模的一系列投入（如增加教师的成本、扩大教室的成本等）与产出（如学生的成绩）的关系。莱文（Levin）采用这种方法对四种改善型教育行为进行比较：跨年龄辅导、计算机辅助教学、延长每日在校时间、缩小班级规模。他得出了3点结论：班级每减少5名学生的人均年教育成本不如延长每日在校时间和计算机辅助教学作用大，但大规模缩小班级规模的成本也极高；在提高数学成绩方面，缩小班级规模的成本效益较高，仅次于同伴辅导；在提高阅读成绩方面，阅读训练的成本效益较低，其成本效益仅高于成人辅导。

经济学家艾伦·奥登（Alan Odden）研究缩小班级规模对学生成绩的效益是否可用其他成本更低的措施达到，或采用其他花费同样成本的措施能否产生更大的效益。他的结论是：小班在一定范围内，特别是在幼儿园到小学三年级的班级中运用是有价值的，只是仅仅缩小班级规模的效益有限。为了降低成本并取得更大的收益，他提倡要设立一系列教育干预措施，与缩小班级规模加以配套。而且为使低收入家庭、少数民族、英语非母语的学生取得成本收益效应，他还提出对应增设"大的综合性的配套措施"。

四、缩小班级规模实践

大规模的小班化教学实验研究始于 20 世纪 80 年代的美国各地。较为著名的实践研究有印第安纳州的黄金时间计划（Prime Time）、田纳西州的学生与教师成绩比率计划（Student Teacher Achievement Ratio，STAR）、加利福尼亚州的缩小班级规模计划（Class Size Reduction，CSR）和威斯康星州的学生成就保证计划（Student Achievement Guarantee in Education，SAGE）。

1989 年，STAR 工程开始"持续效果研究"（The Lasting Benefits Study）。通过追踪小班学生返回普通规模班级后的学习情况，进一步证实了小班教学在提高教学效果上的优越性①。

1990 年，田纳西州又实施了"工程挑战方案"（Project Challenge）。它将 STAR 工程引入田纳西州最贫困的 16 个学区中，小班教学的教学效果再次得到肯定。

从 1996 年开始，威斯康星州推行"学生成就保证计划"，结果发现：一年级的学生在数学、阅读、语言艺术和基本技能的综合测验上总分更优秀；一年级白人学生与黑人学生的成就差距小于对照学校的学生。

五、研究方法

国外关于班级规模的研究采用了多样的研究方法，以综合分析为主，具体包括：元分析法（Meta-analysis）、最佳证据综合法（Best-evidence Synthesis）、相关归类法（Related-cluster Analysis）、定性与定量结合法（The Qualitative and Quantitatine Method）。

元分析法与传统的、定性的描述分析法相比，元分析法运用了统计学方法，对已有某项专题研究有选择地进行较系统的定量分析、比较、讨论和总结。其中最具权威性影响的是格拉斯和史密斯，他们在 1978 ～ 1979 年进行了班级规模和学生学业成绩、情感的实验研究，并提出了著名"格拉斯 - 史密斯曲线"。

最佳证据综合法是由于格拉斯和史密斯的研究并未对班级规模与个别辅导教学的差异进行严格界定，于是史拉温（R. Slavin）创立了"最佳证据综合法"，将综合分析法与文献综述法相结合，并对符合一定质量标准的某一专题的研究有选择地进行定量与定性的比较和分析。他的研究中严

---

① 薛国凤：《关于中美两国小班化教育研究的比较》，《中小学教育》2004 年第 7 期。

格界定了大班和小班的规模。

相关归类法是罗宾逊（Glen E. Robinson）和他的同事对班级规模进行了一个综合性的研究尝试。他们按年级、学科、学生特点、教学实践等因素对1950～1985年的100个班级规模进行归类比较和分析，最终得出了可靠的结论。

定性与定量结合是为了分析班级规模对教学效果的影响方式，柯亨（Cohen）和他的同事开展了一项名为"班级规模与教学的研究"，运用课堂观察、成绩测试、对教师和学生的访谈、学生作业分析、教师教案与日记分析等一系列定性和定量的方法，对小班的教学过程进行了分析和比较。最后，他们将班级规模对教学过程的影响分为三方面，即行为管理、个别化教学和课程。

六、对我国班级规模研究的启示

（一）小班化教育是历史发展的必然趋势，体现了当代教育观念的变革

分析小班化教育产生的社会背景，我们会发现：和班级教学的产生一样，小班化教育的出现其实并非偶然，而是社会发展到一定阶段的必然产物。历史已经告诉我们，班级教学的产生是顺应工业化大生产的要求，是当时迫切需要普及教育的保证。因而学校人数的剧增，班级规模的扩大也就成为必然。随着科技的不断进步，社会对教育提出了新的要求，"扩大规模"不再是人们追求的目标，相反由于其负面效应的日益显现，人们开始由数量的扩大转向质量的提高。同时，20世纪中期义务教育的普及在西方发达国家已经实现，在其他许多国家也得以不同程度地实施。正是在时代的进步和教育自身的发展双重要求下，小班化教育代替大班教育在20世纪70年代末形成研究的热潮；实施小班化教育是为了适应面向21世纪发展的需要，是历史发展的必然趋势。

当代教育观念一个很重要的内涵就是教育民主化、大众化。其中的核心原则是教育机会均等观念。教育机会均等是一个具体的历史范畴，在不同的历史发展阶段有着不同的内涵。当代的教育机会均等观包括三层含义：教育起点均等——入学机会均等；教育过程均等——教育资源分配均等；教育结果均等——学业成就机会、体验成功机会均等。当教育起点均等从目标演变为前提即义务教育的普及已经实现时，教育过程和教育结果的均等就成为教育机会均等的主要目标。小班化教育恰恰由于改变了传统的教

学时空观，从而为人人享受充分教育创造了有利的条件，而"人人享受充分教育"正是当代教育机会均等观念的内涵。由此可见，现代教育理念为小班化教育提供了重要的理论支撑点，同时，小班化教育也体现了当代教育观的沿革，有助于素质教育运行机制的构建。

（二）从西方小班化研究的诸多结论中得出的推断

小班化教育是以"小班"为载体，宏观和微观相结合，各种因素共同作用所形成的整体优化效应。而如何最有效地发挥小班的优势是小班化教育的关键。由于小班提供了更多的教室物理空间和课堂教学资源，因此，对学生而言，可以得到教师更多的个别注意、发言机会，可以有更充裕的活动时间和更广阔的活动空间；对教师而言，他们可以更方便地走动，可以在时间和精力相同的情况下，给每个学生以更多的关心和个别化辅导。但这些只是小班的潜在优势，只是一种可能性，如何利用这种优势，将可能性转化为现实性才是我们迫切需要解决的问题。

有效发挥小班优势的前提是教师教学方式的转变。小班本身并不能对学生的发展和教学产生直接的影响，也不会自然而然地实现预期的目的。它必须通过与学生的学习行为和态度，以及教师的教学方式相互作用从而间接地影响学生的发展。因而，师资问题不容忽视，小班化教育涉及教育教学改革的方方面面，对教师的素质提出了更高的要求，尤其是教育教学观念的转变。这一问题已日益受到西方国家的关注。

小班化教育的顺利实施也需要相关政策的支持。前已述及，小班化教育的最终目的是为了提高教育质量，为了学生的发展，而不是为了节省成本，因此，它的进一步实施需要大量的经费投入，需要客观条件的保证，需要取得政策上的支撑，否则很难得到推广。

（三）小班化教育的效果与各个国家的实际紧密相连

尽管从纵向上看，小班化教育有其历史必然性，是其共性的一面；但从横向上看，由于各个国家经济发展状况的程度不同及文化背景的差异性，小班化教育具体作用的表现也就有所侧重。西方的许多小班问题研究之所以没有明显的效果，以下这些因素值得我们深思。其一有研究表明班级规模必须在原有基础上缩减到一定程度才有效。而据有关资料统计，西方国家大班的人数是我国人数的一半，如美国从原来的平均25人减少到20人以下。我国大班一般在50～70人，班级规模缩减之后人数在30人以下，从而在缩减程度方面保证了有效性。其二文化背景的差异性可能使得小班的潜在优势在不同的国家产生不同的作用。因此，在借鉴其他国家的有益经验时，不能照搬过来，必须立足于本国实际进行本土化分析，才能达到最佳效果。确定合理的班级规模是小班化教育发展中的重要环节。

综合上述，通过国外中小学班级规模的相关研究，我们可以清楚地看到，小班化教育政策是历史发展的必然趋势，它以"小班"为载体，宏观和微观相结合，各种因素共同作用所形成的整体优化效应，体现了教育观念的变革，在实施的过程中应该参照各国的实际小班化教育的适度班级规模，从而推动小班化教育的发展。

第二节　国内班级规模研究综述

小班化教学是适应社会发展和教育需求个性化而产生的新型班级授课形式，是一个国家的经济、文化发展到一定的水平，人口增长呈下降趋势后，在教育领域中所必然出现的一种改革。它代表着一种全新的教学改革策略，贯穿着一种崭新的教育理念，它体现的是教育对学生个体、个性的关注，以及对学生充分发展的重视。在我国，从 20 世纪 90 年代中后期，学术界对小班化教学进行了相关的研究。十多年来，有关小班化教学的研究与实践一直是教育研究领域的热点，研究成果大量涌现，实践活动广泛开展，现已经成为一个新的专门研究领域。

一、国内小班化教学改革的理论研究

随着小班化教学在我国的引入和发展，针对小班化教学的相关理论研究也不断丰富起来，研究的方向涉及小班化历史、师生关系、班级规模、课堂形式、单科教学模式等很多方面。根据对现有相关文献分析，小班化教学目前有以下几个主要研究方向。

（一）关于小班化教学的历史考察与国外经验

关于小班化教学的经验研究呈现了小班化教学发展的来龙去脉，便于从更深层次上理解小班化教学，从而为小班化教学的未来发展指明研究方向。此外，还有学者着重研究了国外小班化教学，尤其是美国的小班化教学的理论与实践发展情况，在对外国发展的介绍与反思中与国内小班化教学发展进行对比研究。比如，钱丽霞和顾瑾玉《关于国外班级规模缩减问题的研究》、湛启标《班级规模与学生成就——美国"CSR"实施述评》、尤秀《美国班级规模成本与效益研究及启示》、薛国凤《关于中美两国小

班化教育研究的比较》、韩冰《英美国家小学课堂教学的个别化》以及孙莉莉《美国缩小班级规模研究回顾与启示》。这些研究成果对我国小班化教育改革实施具有两点启示：小班化教学对于学生的学业成绩提高以及教师专业发展具有极大的促进意义，但是小班化教学的实施必然受社会经济发展的水平和学校入学人数的制约，教育管理部门在计划实施小班化教育时，必须谨慎从事，一定要在做好入学人数、资源预测等研究的基础上进行；小班化教育的实施要和当前的基础教育改革相结合，必须注意和当前的教育体制改革、课程改革、教育评价制度改革、教育方法改革等结合起来，这样才能使小班化教育真正发挥出良好的教学效果。

（二）就小班化教学实施中的很多细节问题进行探讨和经验介绍

关于这方面的研究大多数是对在一线从事小班化教育教学的教师的实践经验的总结，研究内容包括教学组织形式、教室环境、师生互动以及教师素质等。教学组织形式的研究涉及分组教学、包班制教学和跨年级教学等，涵盖了班级教学、学科教学和年级教学等多个层次，有利于现有课堂教学组织形式的丰富与发展。比如，张学华指出小班化教学的形式多种多样，并且较为详尽地说明了分层教学、小组合作学习与综合教学等教学形式的应用。教室环境的研究主要是针对教室环境细节进行讨论，如有效地运用空间资源，合理地布置教室环境。大多数研究关注了桌椅摆放的方法位置，图书角、英语角的设置，活动区域的安排，还有黑板等教学工具的设置和使用，这些研究在小班化教学的实施中给学校和教师一定的启发意义。张寿松在其研究中图文并茂地说明了小班化教学教室的设置和教室中的座位排列方式。谭培生、周延凤在强调小班化教育应注意的问题时，提到原有的"秧田式"的座位排列使部分学生处于被动状态，在大班，由于生均空间小，座位往往只能按"秧田式"排列，这样只有前几排中间 61% 的学生，以及附近 57% 的学生能参与课堂讨论，最后几排 48% 的学生以及坐在两边 31% 的学生不能参与课堂讨论。就师生互动问题的研究而言，主要围绕着班级人数减少带来的班级客观环境的优化及增加师生互动的内容展开，研究认为小班化教学对于师生关系有有利作用。曲虹认为小班化教学的第一个优势就是有利于拉近师生距离，使师生的情感更深厚、更融洽。教师素质与能力的研究主要结合小班化教学的特点从教学的各个环节提出对教师素质与能力的新要求，包括教学过程的设计、课程优化、学生评价等。吴玉琦将小班化教育中教师教学能力归纳为五个方面，分别是驾驭课程教材的能力、激发学生学习内驱力的能力、教学智慧、提供高品质思维训练的能力、科学精神与良好的人文素养。

（三）关于小班化教学改革中的班级规模问题

我国学者在班级规模的研究上也取得了可喜可贺的成果，核心研究领域集中在管理体制、专业结构等相关因素对规模的影响等方面。北京师范大学的王善迈教授和靳希斌教授以及华中师范大学的范先佐教授等都从理论上对学校与班级规模进行了分析和研究。靳希斌教授给出了调整中小学布局和调整大中专院校的专业结构的策略；而范先佐教授也给出了确立合理的教育目标、学校的规模适度、学校合理布局、改革现行管理体制、实现教育产权社会化的措施；王善迈教授给出了学校适度规模的含义，并提出使学校成为具有一定决策权和独立利益的法人实体，政府与社会建立从外部刺激学校注重资源利用率制度和机制的两种解决措施。这三位教授的观点虽注重于如何实现学校的适度规模，但缺乏对班级适度规模的建构意见。在实证方面，和学新认为，就教学而言，班级规模影响到教师的"教育关照度"，影响到课堂教学管理，也影响到教学效果。潘颖和李梅论述了班级规模对教室环境、学生学业发展及人际互动的影响，提出了改善我国班级规模的可行建议。冯雅丽对班级规模与学业成绩之间的关系做了实证研究，主要从教师与学生之间的互动方式及互动对象的选择差异方面做了比较，认为班级规模对学习成绩的影响十分明显。陶青通过对班级规模与生师比的辨析表明，提出我国出现"班级规模与生师比之悖"的根本原因是教育资源分配的不合理，小班改革可以解决这一问题。王德才论述了班级规模对制约教学效果因素的影响，指出班级规模影响教师教学态度情绪、风格方法，影响学生学习态度兴趣、人际关系、学习方法等。刘万海认为班级规模会影响学生创造性的培养，班级规模过大，会影响学生的课堂参与机会，部分学生会被"边缘化"，成为游离于课堂教学之外的"边缘人"，进而会影响学生基本学习权利的实现。也有学者如邱伟华注意到了公共教育支出可以通过影响教育投入来影响人力资本积累，这从一个侧面关注了资源配置效率。

二、国内小班化教学的实践探索

随着我国计划生育国策的实施，人口出生率的第三次高峰已经过去。当时，由于第三次人口出生高峰的学生接受教育所产生的极大需求，国家新建立了大量的小学、初中及高中。而随着这次人口高峰的过去，一个新的问题摆在了各级中小学面前：入学人数在 20 世纪 90 年代后不断减少，学校减少，关闭数量巨大。近年来，小学学校和小学招生人数总的趋势是在逐年减少，虽然其中个别年份招生有所增加，但在校总人数确实在不断减少。在这种情况下，大量的闲置教师面临着转岗、再就业的压力。为了更好地利用现有的教师资源以及教室等物质资源，很多学校开始尝试缩小班级的规模。在中小学学生数量负增长的背景下，再加上我国社会经济水平的不断提高，教育资源在某些地区也逐渐变得充裕起来，因此，代表"精品教育"的小班化教学在中国出现了。

我国小班化教学开始于20世纪90年代中后期，最早对小学小班化教学进行实践探索的是上海。1996年，受上海市教委的委托，上海市教科院普教所组织了《步出高峰后，优化教育资源及进行小班化教学的可行性研究》的课题组，进行了小班化教学的专题研究。针对十几所学校有侧重地对"小班化教学"的教育投入、编制问题、师资结构、校舍安排、班级管理、课程安排、座位排列、师生交往、教学方法、成绩考核等内容进行专题研究并取得了一系列的研究成果。1997年，上海市全市8个区的10所小学，共33个一年级起始班级的1044名学生作为全市首轮小班化教学的试点对象。在这一轮试点中，每个班级人数为22～24人，配教师2.5人，实行语数包班教学。1998年，上海市试点学校增加到150所，占全市小学数的近20%，并且逐步在全国推广其经验。1999年达到280多所，一些区在一年级基本普及了小班化教学。到2000年8月底，上海市基础教育工作会议宣布，试点经验从2001年秋在全市普遍推广，3～5年内要达到80%的小学实行小班化教学。2003年，提出努力推进小学小班化教育，研究并制定与小班化教育配套的教育投入、师资配置、办学条件和教育管理等政策，在已有试点的基础上进行区域性推广，力争通过3～5年，全市小学阶段班额全部控制在每班30人以内；大力加强初中建设，班额逐步控制在每班40人以内。

在北京，1997年以来，随着招生人数的自然减少，4个主城区的85所小学陆续开始了小班化教学的实践。北京教育部门决定将试点经验从2001年秋起在全市普遍推广。学校通过开展小班化教学实践，把提高学校教育质量、推进素质教育工作和小班化教学实践紧密地结合在一起，成为北京市小学实施素质教育的一个新视角。随后，江苏、浙江等经济发达地区也迅速掀起了小班化教育改革实验的热潮，小班化教学在国内部分大中城市和经济发达地区渐露风采。至此，小班化教学已成为教育改革的探索热点，被称为"教育领域一场静悄悄的革命"。

中国教育学会实验研究会2001年学术年会及理事会以小班化教学为主

题，就有关小班化的若干问题进行了研讨，一致认为在当前的教育形式下，随着小学入学人口的降低，实行小班化教学是实现以学生为主、因材施教的有效形式，是实现素质教育的有效途径。虽然目前小班化教学仅在部分发达地区的一些城市中试行，但小班化教学业已成为当前教育改革新的探索热点是毋庸置疑的。小班化教学一方面顺应了大众对优质教育的渴求，另一方面又适应了生源逐年减少的变化趋势，可以说小班化教学的出现是优质教育渴求和生源萎缩现实之间的一个最佳结合产物。北京、上海等地区开展小班化教学的实践证明了小班化教学的确提高了教育质量，体现了教育面向未来的需要，体现了教育面向全体的要求，体现了教育进步发展的趋势，是教育改革深化的良机。

我国的小班化教学改革一直是以许多国外的现代先进教育教学理念为指导，借鉴外国经验，并结合着我国的基础教育课程改革不断展开的，因此具有一定的综合性。综合上述理论与实践两个层面，可以看到，小班化教学的历史由来已久，是世界各国根据自身政治经济发展规律所做出的必然选择。在我国，虽然小班化教学引入的时间不长，但是理论研究与实践研究都发展迅速。在理论上，我国学者对小班化教学进行了有益的探索，研究内容涉及面比较广，但从总体上看，目前我国小班化教学的研究还相对落后，许多理论和方法还没有取得重大突破。实践上，我国通过在经济较发达省市的先期试点积累了一定的小班化教学的经验，但是想要实现小班化教学在全国更大范围的推广，仍有相当漫长的路途。在教育公共服务均等化视野下，研究中小学班级适度规模的问题对于我国小班化教学改革具有重要的意义，有利于在保证有效课堂教学质量的前提下，努力提高资源配置效率，进而促进学校教育改革的整体推进。

第三节　国内外班级规模研究述评

通过分析上述文献资料，可以发现国外的有关研究虽然较系统，但主要针对研究对象所在国的实际情况，而我国的班级设置体系与欧美等国有较大差异，国外的研究成果用于我国具有局限性，不宜全盘照搬。班级规模数字的含义已不再是"相对较小的班级规模"，而已经成为标准班级规模。例如，根据我国的国情，一般认为 20～30 人的班级已属小班。而西方发达国家的情况却有所不同，一般认为 13 人左右的班级方可称为小班。把我国的小班放到美国去，肯定被视为大班（large class）。目前发达国家仍在进行小班化探索，小班的优势已不局限于提升学生学业成绩。研究者发现在小班环境下每个学生被分配的教师精力更多，同学间的交流更积极。

纵观国内外班级规模的研究，国外学者的理论研究及实验将班级规模引起的效果评价指标主要归为学生成绩、教学关照度等。而国内学者的研究则更多的是就小班教学探讨班级规模在教学实施中的细节，很少从规模经济的角度测算研究班级规模本身的效应。从学校类型上来说，国内学者研究高等教育规模的较多，对中小学规模研究不多。从范围上来说，国内外学者都对学校规模有较多研究，但对班级规模的研究主要从论述小班化教学的利弊着手。除此，国内学者对学校规模的理论研究较多，在实证性研究方面，研究方法上并无多大突破，大都借鉴国外的实验方法对我国学校布局调整开展探讨。

通过对国内外中小学班级规模相关研究的文献资料与实践探索的分析可以清楚地看到，小班化教学是社会经济与教育自身发展的必然趋势，小班化教学政策的制定与实施必须以"小班"为教育教学发展的载体，将国家宏观教育政策与班级微观教学实际紧密结合，进一步评价各种教育相关因素共同作用所形成的整体优化效应，考量各国的实际小班化教育的适度班级规模，通过探索研究我国小班化教学的班级规模从而推动小班化教育的发展。

第三章　班级规模研究的指标设计及思路

第一节　与班级规模相关的关键指标数据的历史分析

一、生师比①

（一）上海市中小学生师比的情况分析

从图 3 - 1 我们可以看出：

① 上海市小学阶段生师比从 1996 年的 19.97% 到 2009 年的 15.15%，呈先降后升趋势，总体下降了 4.82%。其中，1996 ～ 2003 年，生师比持续平缓递减；2003 ～ 2004 年，生师比下降 2.38%，变化幅度较大；2004 ～ 2007年，生师比保持平缓下降达到极小值 13.85%；自此至 2009 年的 15.15%，以每年 4.6% 的速度递增。

② 上海市初中阶段生师比从 1996 年的 16.00% 到 2009 年的 12.68%，总体上下降 3.32%，呈波浪式变化。其中，处于上升阶段有：1996 ～ 1998 年、1999 ～ 2001 年、2003 ～ 2004 年；在波动过程中，1999 年达到最小值 12%。

③ 上海市义务教育阶段生师比总体呈现先升后降再升的趋势，变化较平缓。其中，从 1999 年的 16.36% 上升至 2000 年的峰值 16.77%，自 2000 ～ 2007 年，以每年 1.7% 的速度逐年递减至谷值 13.36%；2007 ～ 2009 年，以每年 2.6% 的速率逐年递增至 14.09%。这在一定程度上有利于实现上海市义务教育阶段学校班级规模的合理控制，即班额必须控制在 40 人以内，

---

① 本处研究中的生师比采用的是历年各阶段在校学生数与专任教师数之比。主要资料来源有：《1978 ～ 2007 年辉煌的三十年》；《中国统计年鉴（2005 ～ 2008）》；《中国区域统计年鉴（2009）》；《中国人口统计年鉴（1997 ～ 2010）》；《中国区域经济统计年鉴（1997 ～ 2010）》；《上海统计年鉴（2000 ～ 2010）》。

有条件的地区，小学班额可达30人以内，初中35人以内。

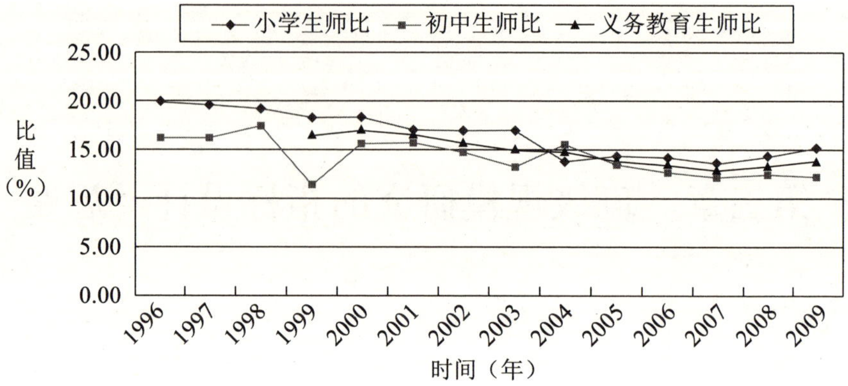

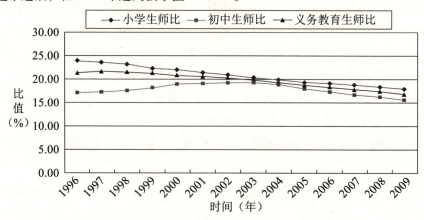

图3-1　上海市中小学生师比

（二）全国中小学生师比情况分析

从图3-2中可以看出：

① 全国小学阶段生师比从1996年的23.74%到达1997年极大值24.15%，自1997年起，以每年2.5%的速率逐年递减，到2009年达到极小值17.88%。

② 全国初中阶段生师比总体呈先上升后下降的趋势，且变化较平缓；从1996年的17.18%以每年1.8%的速率递增，到2003年达到峰值19.45%，继而以每年2.7%的速率递减，到2009年达到谷值16.62%。

③ 全国义务教育阶段生师比总体呈先上升后下降的趋势且变化平缓，从1996年的21.54%，到达1997年的极大值21.84%，继而以每年2.1%速率递减，在2009年达到极小值17.01%。

图3-2　全国中小学生师比

（三）上海市与全国小学生师比的比较分析

从图 3－1 和图 3－2 比较可以看出：

① 上海市小学生师比从 1996 年的峰值 19.97％ 到 2007 年的谷值 13.85％，呈现下降趋势，其降幅较 1996 达到了 6.12％，从 2008 年开始反弹，到 2009 年达到 15.15％；全国小学生师比在 1996～1997 年有较小增长，但从 1997～2009 年一直呈下降趋势，在 2009 年达到最小值 17.88％，这一数值较 1997 年的峰值下降了 6.27％。

② 总体上看，小学生师比在 1996～2009 年，全国一直高于上海市，两者差值在 2004 年达到最大值 5.65％。2009 年两者差距达到了最小值 2.73％，这是由于全国生师比从 2007 年一直呈下降趋势，而上海市小学生师比在 2008 年开始增长。如果按照这种趋势发展下去，全国小学生师比将逐年向上海市小学生师比逼近。一方面，由于随着经济的发展，国家加大了对中西部地区教育事业的财政支持力度，促进了中西部教育的发展；另一方面，上海市生师比在 2008 年出现增长趋势，这可能由于更多的外来务工子女被纳入了上海市小学教育的范畴，而全国范围内的师资合理流动速度加快，从而有利于教育资源优化配置、均衡化发展，对推进我国基础教育的发展有着积极的意义。

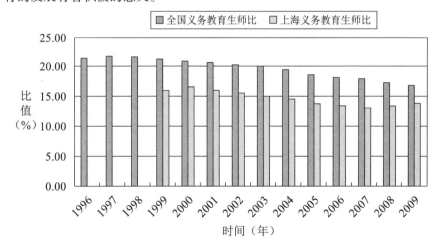

图 3－3 义务教育生师比

（四）上海市与全国初中生师比的比较分析

从图 3－1 和图 3－2 比较可以看出：

① 全国初中生师比从 1996～2003 年呈上升趋势，从 17.18％ 增加到 19.45％，较 1996 年增长幅度为 2.27％，而从 2004 年起生师比开始出现下降，且趋势较明显，到 2009 年，生师比达到谷值 15.62％。而上海市生师

比变化较复杂，呈现出反复性，但从 2005 年开始下降趋势明显。

② 上海市生师比最低值为 1999 年的 12%。总体上看上海市生师比低于全国生师比，两者之间的差距在 1998 年达到最小值 0.55%，在 2003 年达到最大值 5.86%，从 2006 年开始全国初中生师比与上海初中生师比的差距开始缩小。

（五）义务教育生师比变化特征

从图 3-3 中可以看出：

① 上海市义务教育阶段生师比在 1999～2009 年，整体呈现先升后降再升的波浪式变化趋势，其中：2000 年达到峰值 16.77%，2007 年达到谷值 13.36%；全国义务教育阶段生师比在 1996～2009 年，整体呈现平缓的下降趋势，其中：1997 年达到极大值 21.84%，2009 年达到极小值 17.01%。义务教育阶段上海市和全国生师比在总体上呈现下降趋势，其原因主要体现在：一方面，中小学教育适龄儿童逐步下降造成的生源数量减少；另一方面，教师的学历水平和整体水平提高造成的教师结构优化，教育人力资源利用率逐步提高。这种下降趋势为我国应对个性化、多样化需求日益增长的教育实际，采用一种缩小班级规模、开展小班教学的策略，提供了一种现实而合理的可能。

② 1999～2009 年，义务教育阶段，上海市生师比小于全国生师比；两者的差值在一段时间内较稳定，在 1999 年达到最大值 5.03%，2009 年达到最小值 2.93%，且出现缩小的趋势，但在相当长的时间内，义务教育阶段生师比上海市领先于全国。由此可见，上海市政府对教育的投入水平较高，教育财政支持力度较大；义务教育阶段资源均衡配置程度较高，如上海市教师资源合理流动机制基本形成等。

二、学校校舍平均占地面积①

（一）上海市和全国小学校舍平均占地面积比较分析

从图 3-4 中可以看出：

① 1998～2006 年，上海市和全国小学校舍平均占地面积均呈现出上升趋势，上海市以每年 13.4% 的速率从最小值 3.29 递增至最大值 6.82，

---

① 本处研究中的学校校舍平均占地面积采用历年校舍面积与学校数的比值。主要资料来源有：《1978～2007 年辉煌的三十年》；《中国统计年鉴（2005～2008）》；《中国区域统计年鉴（2009）》；《中国人口统计年鉴（1997～2010）》；《中国区域经济统计年鉴（1997～2010）》；《上海统计年鉴（2000～2010）》。

全国以每年 10.2% 的速率从最小值 0.96 增至最大值 1.75，可见，上海市小学校舍平均占地面积的年平均增长速度快于全国。

② 1998～2006 年，两者之间差值的比较显示：最小差值为 1998 年的 2.33，最大差值为 2005 年的 5.09；两者之间的差值相当大，且差值呈现递增趋势。可见，上海市校舍资源更为充裕，财政支持力度更大，更注重教育物质资源的合理配置。两者差值巨大的原因主要有：全国各地经济社会发展不平衡，城乡二元结构矛盾突出，义务教育城乡间、地区间、学校间的差距存在且有拉大趋势。所以，全国范围内，教育资源分布不均衡现象明显，且差距较大，生均教育物质资源匮乏。

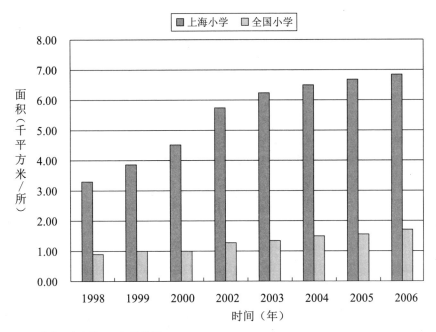

说明：表内缺2001年的数据。

图 3 - 4　小学校舍平均占地面积

（二）上海市和全国中学校舍平均占地面积比较分析

从图 3 - 5 中可以看出：

① 1998～2006 年，上海市和全国中学校舍平均占地面积均呈现出上升趋势，上海市以每年 5.2% 的速率从最小值 7.89 递增至最大值 11.86，全国以每年 6.0% 的速率从最小值 5.34 递增至最大值 8.48，可见，全国递增速率高于上海市递增速率。

② 1998～2006 年，两者之间差值的比较显示出：最小差值为 1998 年

的 2.55，最大差值为 2006 年的 3.38；差值呈波浪式变化趋势。

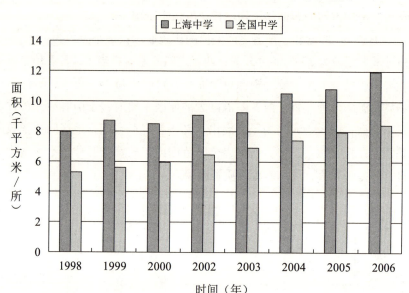

说明：表内缺2001年的数据。

图 3-5　中学校舍平均占地面积

（三）上海市和全国小学人均校舍面积比较分析

从图 3-6 中可以看出：

① 1998～2006 年，上海市小学人均校舍面积呈现先下降后上升再下降的趋势，其中，最小值为 1999 年的 4.25，最大值为 2005 年的 8.01。全国小学人均校舍面积以每年 4.1% 的速度从 1998 年的最小值 4.19 平缓递增至 2006 年的 5.58。而根据 2002 年国家教育部颁布的《城市普通中小学校校舍建设标准》中，经过平均值的计算得出：城市普通小学校校舍建筑面积指标值为 5.57 人/平方米，上海市在 2000 年已经达到指标水平，并逐年提高，2006 年已经超出指标值 2.43 人/平方米。这在一定程度上为班级规模体系的构建提供了现实合理的指标依据。

② 1998～2006 年，上海市和全国小学人均校舍面积的差值呈现先减后增再减的波浪式变化趋势，在 1999 年出现唯一全国领先于上海的数据，其差值为 0.12，而 2004 年、2005 年连续两年，上海市与全国的差值到达最大值 2.59，但 2006 年差值又有缩小的趋势。可见，全国范围内对于教育资源投入的关注度都在加大，优化配置、合理利用程度也进一步提升。

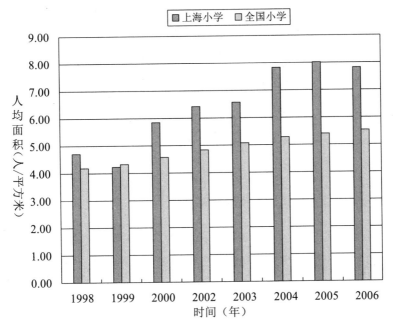

说明：表内缺2001年的数据。

图3-6　小学人均校舍面积

第二节　班级适度规模的成本指标体系和收益指标体系构建

本课题的研究一直以来坚持以规模经济学的相关研究为最基本的理论基础，在班级适度规模的成本指标体系和收益指标体系的构建过程中也不例外。

规模经济的相关研究由来已久，1959年，英国人马克西（Maxey）和西尔伯斯通（Silberston）在《汽车工业》一书中发表了他们对汽车工业规模经济的研究成果，提出了关于规模经济的问题。"规模经济"是一个社会概念，具有很强的综合性和关联性，它是指由于合理的规模生产带来单位产品成本下降或者利润总额上升，所获得效益的经济。同时，规模经济理论主要是建立在两个假设条件上：第一，生产技术水平不变；第二，所有生产要素或投入均按相同的比例变动。

课题组的研究以规模经济理论为基础，深入教育的微观层面班级，尝试通过构建相应的指标体系，对义务教育阶段中小学班级成本与收益进行调查。依据规模经济理论的一般假设，假定在教育技术水平不变的条件下，可以讨论在教育成本一定的情况下，随着班级规模的变化，教育收益的大小；也可以讨论在教育收益一定的情况下，随着班级规模的变化，教育成本的增减。考虑到在教育公共服务均等化的视野下，义务教育阶段的教育投入在各学校之间的差异并不显著，因此，本研究将按照第一种思路，也就是，假定在教育技术水平不变的条件下，当教育投入一定时，研究随着班级规模的变化，班级收益的变化情况，从而确定在教育公共服务均等化视野下成本一定时，可以获得最大收益的适度班级规模。

按照以上基本思路，课题组设计了班级适度规模成本指标体系和班级适度规模收益指标体系。

一、班级适度规模成本指标体系

该指标体系从人、财、物的角度出发，设计了表3－1，即包括三个一级指标：教育经费配置（财力资源投入）；教师配置（人力资源投入）；设施配置（物力资源投入）。各个一级指标下共包括8个二级指标、18个三级指标（见表3－1）。

表 3 –1　班级适度规模成本指标体系

一级指标	二级指标	三级指标	备　注
教育经费配置	教职工人员薪金	常聘教师、教辅人员基本工资	
		津贴、奖金	
		补贴、福利	
	学生费用	生均教育经费	
		生均预算内教育经费	
	基本建设费	公用经费	
		科研经费	
	其他		
教师配置	师资水平	教师学历	
		高级职称教师数	
		生师比	
	教师继续教育	教师继续教育培训情况	
		校长继续教育培训情况	
设施配置	建筑配置	生均教室面积	
		生均体育运动场馆面积	
		生均生活用地面积	

续表

一级指标	二级指标	三级指标	备　注
	教学设备	生均纸介质图书	
		生均仪器设备总值	
		多媒体教学教室	

二、班级适度规模收益指标体系

该指标体系按照受益者的不同，设计了表3-2，即划分了三个一级指标：教师工作状态（教师收益）；学生发展（学生收益）；班级管理（班级收益）。各个一级指标下共包括8个二级指标、25个三级指标（见表3-2）。

表3-2　班级适度规模收益指标体系

一级指标	二级指标	三级指标	备　注
教师工作状态	师资利用率	班师比	
		科目教师数比	
	教师工作负担	每天工作时间	
		批改作业时间	
		睡眠时间	
		身体状况	
		休闲安排	
教师工作状态	教师工作士气	教师感受	成就感、公平感、被尊重感等
		对学校组织的认同感	
		团队精神	
教师工作状态	师生关系	对师生关系的认识	
		对师生关系的满意度	
		与家长、学生沟通情况	
		对学习有困难学生的态度	
		与学生集体活动情况	
学生发展	学业成就	学业成绩	及格率、优秀率以及升学率等
		获奖情况	

一级指标	二级指标	三级指标	备 注
	情感发展	品行发展	
		学习态度	
		人际互动	
	班级教学管理	教学秩序	课堂纪律等
		课堂结构	
班级管理		教育关照度	
	班级活动管理	班级群体性	班级内部群体凝聚力、非正式群体等
		管理方式	持有不同学生观的教师会采用不同的班级管理方式

班级适度规模的成本指标体系和收益指标体系的初步构建是课题开展以来具有转折意义的一个重要步骤。一方面，该指标体系的构建是前期文献与理论研究的一次重要总结，将学界现有的研究有所选择后合理地运用到中小学班级适度规模的考量与评价中去，是具有深刻理论价值的。另一方面，该指标体系是课题组编制调查问卷与访谈提纲的最主要基石，所有问题的设计均来源于该指标体系，可以看作理论与实践相结合的关键一步。最后，需要特别说明的是，班级管理是否有序、有效，主要取决于教师与学生双主体的相互配合与相互促进。因此，本课题将研究的重点放在探究班级规模对学生及教师这两大主体的影响分析上，而对班级管理的影响，将在分析教师工作效率问题时进行讨论。

第三节　调查问卷与访谈提纲的编制

调查问卷和访谈提纲①的编制是课题研究的一个关键环节，问卷和访谈质量的好坏直接关系到调查结果和结论。根据指标体系的构建思路，课题组编制调查问卷主要用于调查教师与学生的收益情况，同时根据调查对

---

① 问卷与访谈提纲详见附录。

象的不同，还将调查问卷分为教师问卷和学生问卷，其中学生问卷又根据学生各年龄段实际阅读与判断能力分为高、中、低年级3个版本，问卷题量略有不同。每一份问卷都包含指导语、基本信息和调查问题三个部分。基本信息主要是样本的人口统计学变量；调查问题分别依据班级适度规模收益指标体系的各个三级指标，设置问题和选项。调查问题中既有多项选择题，也有单项选择题，还有部分开放性问题。其中，单项选择题为避免趋中现象，选项均采用四级量表的形式，每题设置4个选项；开放性问题的效用大致等同于访谈调研，作为选择题的补充。

访谈的主要作用在于调查班级成本与班级收益中不可量化的部分，与调查问卷编制的思路一样，课题组在编制访谈提纲的过程中，也根据访谈对象的不同，将访谈提纲分为两类：校长访谈提纲和教师访谈提纲。访谈主要在校长、样本班班主任、样本班任课教师（主课教师、副课教师各1名）中展开①。校长访谈提纲分为4个部分：学校基本情况、学校建设情况、学校教师管理情况、学校师生关系情况，共计17个问题。教师访谈提纲分为3个部分：教师个人基本情况、教师总体工作感受、师生关系情况，共计15个问题。在本课题的研究中，访谈调查作为问卷调查的必要补充，因此，访谈提纲的设计思路与问卷的编制是一致的，只是访谈提纲中没有对问卷所设计的所有指标设计问题。

---

① 在访谈中，其中有部分教师存在跨年级教学或承担班主任及任课教师双重角色，这部分教师在同一次访谈中完成多个角色的访谈。

第四章 班级规模研究的实地调研及数据处理

第一节 实地调研

根据上述班级适度规模的成本指标体系和收益指标体系以及相应的调查问卷与访谈提纲，课题组按照研究计划，在班级的选择方面，是在每所样本学校的义务教育阶段的年级①随机抽取一个班级作为样本。在调研结束后，对调研材料的分析中将选规模差异较大的班级进行班级成本和收益的比照，更好地分析不同年级的适度班级，最终根据班级的功能确定规模经济概念在中小学班级中可测算的成本—收益适度规模指标。

在调查方法上，班级成本的调查以访谈提纲为基础，主要采用访谈法进行，通过对中小学校的管理者与教师的访谈获取相关的数据和信息，并通过相应的测算得出最终结果。班级收益的调查以问卷法为主，适当结合访谈法。问卷法调查中小学校不同规模班级的收益情况，访谈法对问卷法中无法量化的指标，利用质性的调查进一步收集信息。

课题组首先选取了上海市 M 区的小学②和初中③各一所，展开第一期的实地调研，实际发放问卷 285 份（包括教师问卷 70 份、学生问卷 215 份），收回有效问卷 279 份（包括教师问卷 68 份、学生问卷 211 份，有效率分别为 97.14%、98.14%）；访谈 22 人（包括校长 2 人，任课教师 20 人）。

调查问卷收回后，课题组成员采用 Excel 2007、SPSS 17.0 对问卷进行了

---

① 在本课题的调研中，义务教育阶段的年级选取了 3～9 年级，这是根据调研前期准备阶段与样本学校校长或者教师初步访谈后，考虑到 1～2 年级的学生对于本课题问卷的阅读与判断能力上具有一定的限制。因此，暂时将 1～2 年级不列入调研讨论的范围之内。

② 学校代名：PN。

③ 学校代名：LM。

细致的处理与分析，通过比对相关分析结果对指标体系中不可调查与估量的部分进行了合理的调整，使得问卷调查的效度更为理想。同时，采用专家咨询的形式对问卷的内容信度做出了评价以及相应的调整，为接下来持续的大范围调研奠定良好的基础。对于访谈的部分，课题组成员也做了大量的整理工作，访谈纪要也为课题组的后续研究提供了更为良好和开阔的思路。

通过上述对调查问卷与访谈提纲的合理调整，课题组第二期的实地调研选择了上海市的 C 区①和 P 区②共 4 所（每区小学、初中各一所），至此，课题组认为 3 个样本区分别代表了上海市教育发达城区（C 区）、教育欠发达城区（P 区）和近郊区（M 区）。问卷与访谈取得的效果是良好的。C 区发放问卷 250 份（包括教师问卷 80 份、学生问卷 170 份），收回有效问卷 243 份（包括教师问卷 78 份、学生问卷 165 份，有效率分别为 97.5%、97.06%）；访谈 23 人（包括校长 2 人，任课教师 21 人）。P 区发放问卷 300 份（包括教师问卷 70 份、学生问卷 230 份），收回有效问卷 289 份（包括教师问卷 61 份、学生问卷 228 份，有效率分别为 87.14%、99.13%）；访谈 20 人（包括校长 2 人，任课教师 18 人）。

课题组第三期实地调研选择了中部地区两所义务教育学校，这两所学校代表了中国中部地区教育的发展状况。问卷共发放 280 份：发放学生问卷 250 份，有效问卷为 248 份，有效率 99.2%；发放教师问卷 30 份，有效问卷为 21 份，有效率为 70%。访谈校长 2 人，教师 10 人。

截至 2013 年，课题组对全国东中部地区的实地调研，共发放问卷 1115 份（包括教师问卷 250 份、学生问卷 865 份），收回有效问卷 1080 份（包括教师问卷 228 份、学生问卷 852 份，有效率分别为 91.2%、98.5%）；访谈 77 人，包括校长 8 人，任课教师 69 人。

第二节　统计方法与变量说明

一、数据处理软件与统计量说明

本研究采用 Excel 2003、Excel 2007 和 SPSS 17.0 统计软件对所收集到的数据进行预处理，主要涉及的统计量如下。

---

① 该区小学和初中学校代名分别为：KY，YLSH。
② 该区小学和初中学校代名分别为：JYFX，XY。

（一）　频数与百分比

基本统计分析往往从频数分析开始。通过频数分析能够了解变量取值的状况，对把握数据的分布特征是非常有用的。一般来讲，频数是指变量值落在某个区间（或某个类别）中的次数。

百分比，即各频数占总样本数的百分比。百分比中还有有效百分比和累计百分比两个概念。有效百分比，即各频数占总有效样本数的百分比。这里，有效样本数 = 总样本 − 缺失样本数。如果所分析的数据在频数分析变量上有缺失值，那么有效百分比能更加准确地反映变量的取值分布情况。有效百分比计算的是在不包含缺失值个案的所有个案中各频数变量取值的比例。累计百分比，即各百分比逐级累加起来的结果，其最终取值为100。

（二）　均值

均值是一种最常用的"代表值"或"中心值"，又称"算术平均数"，在统计学中有重要的地位，反映了某变量所有取值的集中趋势或平均水平，也就是一组数据向某一中心值靠拢的倾向。

均值的特点是均值利用了全体数据代表了数据的一般水平，均值的大小易受到数据中极端位的影响。

（三）　方差与标准差

方差与标准差都是常见的刻画离散程度的描述性统计量。离散程度是指一组数据远离其"中心值"的程度。单纯以均值等"中心值"刻画数据并非尽善尽美，还应该考察数据分布的疏密程度，即考察所有数据相对于"中心值"分布的疏密程度。如果数据都紧密地集中在"中心值"的周围，数据的离散程度较小，则说明这个"中心值"是刻画全部数据的"代表"，"中心值"对数据的代表性好；相反，如果数据仅是比较松散地分布在"中心值"的周围，数据的离散程度较大，则"中心"仅说明数据特征是不具有代表性的。因此，"中心位"和关于"中心值"的稀疏程度的共同作用才能给数据特征以比较全面完整的描述。

标准差是表示变量取值距离均值的平均离散程度的统计量，它刻画了数据关于均值的平均离散程度；样本标准差值越大，说明变量值之间的差异越大，距均值这个"中心值"的离散趋势越大。

样本方差也是表示变量取值离散程度的统计量，它是样本标准差的平方；样本方差值越大，说明变量值之间的差异越大。

（四）　标准分数

标准分数（standard score）也叫 z 分数（z – score），是一种由原始分

数推导出来的相对地位量数,是某一分数与平均数的差再除以标准差的计算而来的,其公式表示为:$z = (x - \mu) / \sigma$,其中 x 为某一具体分数,μ 为平均数,σ 为标准差。标准分的量代表着原始分数和母体平均值之间的距离,是以标准差为单位计算。在原始分数低于平均值时,标准分为负数,反之则为正数。

在本研究中,在对问卷调查获得的数据做初步统计、处理之后,将对每一样本依据各个问题项得分对每一指标进行标准分计算,作为将学生情感发展量化的主要载体,用以分析学生情感发展的实际状态。

(五) 卡方检验

卡方检验可以根据样本数据,推断总体分布与期望分布或某一理论分布是否存在显著差异,是一种吻合性检验,通常适于多项分类值总体分布的分析。它的零假设是 H_0,样本来自的总体分布与期望分布或某一理论分布无显著差异。

卡方检验基本理论依据是,如果从一个随机变量 X 中随机抽取若干个观察样本,这些观察样本落在 X 的 6 个互不相交的子集中的观测频数服从一个多项分布,这个多项分布当样本数 A 趋于无穷时近似服从卡方分布。基于这一思想,对变量 x 总体分布的检验就可从对各个观测频数的分析入手。

在零假设成立的条件下,如果变量值落在第 i 子集中的概率为 p_i(理论值),于是相应的期望频数便为 np_i。由此计算出的期望频数分布代表了零假设成立时的理论分布。为检验实际分布是否与理论分布(期望分布)一致,可采用卡方检验统计量。典型的卡方统计量是 pearson 卡方,其数学定义为:

$$x^2 = \sum_{i=1}^{k} \frac{(f_i^0 - f_t^e)^2}{f_i^0}$$

其中,k 为子集个数,f^0 为观测频数,f^e 为期望频数,x^2 服从 $k-1$ 个自由度的卡方分布。可见,如果 x^2 值较大,则说明观测频数分布与期望频数分布差距较大;反之,如 x^2 值较小,则说明观测频数分布与期望频数分布较接近。

如果 x^2 的概率 p 值小于显著性水平 α,则应拒绝零假设,认为样本来自的总体分布与期望分布或某一理论分布存在显著差异;反之,如果 x^2 的概率 p 值大于显著性水平 α,则不能拒绝零假设,可以认为样本来自的总体分布与期望分布或某一理论分布无显著差异。

（六）多重共线性检验

虽然研究所选取的自变量无法避免存在，而变量间过多的相关则会影响到回归分析中所得到的相关系数的准确性。为排除本研究中的自变量间存在多重共线性，即线性相关关系，本研究采用方差膨胀因子作为诊断共线性的工具。方差膨胀因子（VIF）越大，显示共线性越严重。当VIF≤5，多重共线性不明显；当VIF≥10，存在较强的多重共线性。

（七）因子分析

本研究中选取的教师内部因素的变量较多，为简便下一步的描述性统计，本研究试图通过因子分析，提取共同因子，达到降维的目的。在开展因子分析前，需要进行变量因子分析的适合度检验，只有变量中因子对彼此的可解释程度较高才适合进行因子分析。其中，因子分析的适合度检验中的KMO检验统计量取值在0和1之间，越接近于1，变量间的相关性越强，原有变量越适合作因子分析。在因子载荷矩阵和旋转后的因子载荷矩阵中，得分高的变量代表其中的共同因子可解释程度。根据因子得分系数矩阵可列出共同因子的得分函数，在每个变量前乘以对应的变量系数即可。

（八）$X \sim Y$散点图

散点图（scatter diagram）反映的是在回归分析中，数据点在平面直角坐标系上的分布图。$X \sim Y$散点图将横坐标视为自变量X，纵坐标视为因变量Y，并通过平滑曲线连接各点成为曲线，表示因变量随自变量变化而变化的大致趋势，据此可以选择合适的函数对数据点进行拟合。本研究中将参考散点图中因变量Y的取值情况得出自变量X的取值范围，即适度的学校规模。

（九）回归方程

回归方程（regression equation）是根据样本数据通过回归分析得出的一个变量（因变量Y）随另一个或几个变量（自变量X或X_1，X_2，…，X_n）变化的数学表达式。根据对自变量X的计算方式，分为线性函数（Linear）、二次曲线函数（Quadratic）以及指数函数（Exponential）、对数函数（Logarithmic）、复合函数（Compound）等多种。本研究在运用统计工具对样本数据进行处理时，将根据其散点图形状选择合适的回归方程，并根据回归系数的显著性检验得出方程的各项系数。

（十）回归方程的拟合优度检验

回归方程的拟合优度检验是通过分析样本数据在回归线周围的密集程

度来检验得出的回归方程对样本数据的代表性。当样本中所有的数据点均落在得出的回归方程上时，回归方程的拟合优度是最高的，即得出的方程是最准确代表样本数据的分布特征的。拟合优度的检验是通过统计量 R^2 表示的。R^2 的取值范围为 0 到 1 之间，R^2 越接近 1，说明回归方程对样本数据的拟合优度越高；反之，R^2 越接近 0，说明回归方程对于样本数据的拟合优度越低。一般情况下，当 R^2 大于等于 0.6 时，基本认为回归方程的拟合优度是不错的。

（十一）回归方程的显著性检验

回归方程的显著性检验与其拟合优度检验的基本出发点很相似，也是要检验得出的回归方程对样本数据的代表性。不同的是拟合优度主要是检验样本数据在得出的回归方程周围的密集程度，而回归方程的显著性检验是检验采用此类型方程是否恰当。举例来说明其不同点：如一个样本数据通过做 $X \sim Y$ 散点图和回归得出线性曲线模型，其拟合优度检验值很高，即样本数据点在回归线周围的密集程度较高，但是显著性检验结果是此回归方程对样本数据的显著性贡献较低，则说明样本数据并非呈现线性关系，仅仅是因其呈现的曲线模型在此样本数据段上与线性模型接近而已。所以在回归方程进行拟合优度检验后，还必须进行显著性检验。回归方程的显著性检验用统计量 F 表示，通过 SPSS 得出的概率 P 值进行判断，P 值的得出要依赖方差分析。

显著性检验首先做零假设，即回归系数与零无显著差异，即无论自变量如何取值都不会引起因变量 Y 的变化。如果统计软件得出的概率 P 值小于给定的显著性水平 α，则应拒绝零假设，认为回归系数与零存在显著差异，得出的曲线模型可以反映因变量 Y 与自变量 X 的关系；反之，如果概率 P 值大于给定的显著性水平 α，则不应拒绝零假设，认为回归系数与零不存在显著差异，得出的曲线模型不能反映因变量 Y 与自变量 X 的关系。显著性水平 α 的取值一般为 0.05。

（十二）回归系数的显著性检验

回归系数的显著性检验是检测回归方程中自变量 X 的第 n（$n=1$，2，3，…）项对数据样本的代表性，用统计量 t 表示。其检验的方式与回归方程的显著性检验相同，也是首先做零假设，然后比较概率 P 值与显著性水平 α 的大小，如果概率 P 值小于给定的显著性水平 α，则应拒绝零假设，认为回归系数与零存在显著差异；反之，如果概率 P 值大于给定的显著性水平 α，则不应拒绝零假设，认为回归系数与零不存在显著差异。回归系数的显著性检验还有另一个重要作用即得出已知方程类型的各项系数以确定函数表达式。

二、变量解释

教师问卷共包含 30 个变量①，分别为：性别、年龄、学历、职称、学校、教龄、执教科目数、执教科目、执教班级数、执教班级人数、在校时间、批改作业时间、睡眠时间、身体状况、休闲时间、每周课时数、教师感受（8 个②）、组织认同（5 个）、团队精神（5 个）、师生关系认识（3 个）、师生关系满意度（2 个）、师生沟通（2 个）、家校沟通（4 个）、对"学困生"态度、教学秩序、课堂结构、教育关照度、班级群体（2 个）、班级制度、管理方式（2 个）。

低年级学生问卷共包含 26 个变量，分别为：性别、年级、班级人数、是否为班干部、是否为三好学生、其他获奖情况、家庭作业完成时间、是否有家教、课外活动安排、睡眠时间、生活态度、德育发展、思考能力、创造精神、学习态度、班级认同感、班级事务参与度（2 个）、集体主义精神、班级客观环境、班级氛围（2 个）、心理状态、教学秩序、课堂结构、教育关照度、班级群体、班级制度。

中年级学生问卷共包含 24 个变量，分别为：性别、年级、班级人数、是否为班干部、是否为三好学生、其他获奖情况、家庭作业完成时间、是否有家教、课外活动安排、睡眠时间、生活态度、德育发展（2 个）、创新精神、思考能力、班级认同感（2 个）、学习态度（2 个）、班级事务参与度（2 个）、班级客观环境（2 个）、班级氛围（3 个）、心理状态（2 个）、教学秩序、教育关照度、班级群体（2 个）、班级制度。

高年级学生问卷共包含 25 个变量，分别为：性别、年级、班级人数、是否为班干部、是否为三好学生、其他获奖情况、家庭作业完成时间、是否有家教、课外活动安排、睡眠时间、生活态度（2 个）、德育发展（2 个）、创新精神、思考能力、班级认同感（2 个）、学习态度（3 个）、班级事务参与度（3 个）、集体主义精神、班级客观环境（2 个）、班级氛围（3 个）、心理状态（5 个）、教学秩序、教育关照度（2 个）、班级群体（3 个）、班级群体、班级制度（2 个）。

---

① 本次及后面各变量均为 M 区调研后，根据调研结果和问题所做的修改和完善的最终变量。
② 括号内的数据表示的是在问卷中该变量涉及的设问个数。下同。

第三节　访谈及问卷基本信息处理

通过运用 SPSS 统计软件，对数据进行预处理、基本描述性分析及相关性分析，以了解调研数据的基本特征和分析班级规模与各成本收益指标之间的关系。

一、教师问卷的预处理结果

此处理主要是运用频数及基本描述统计量对所调研的教师群体做客观分析。

（一）频数分析

利用频数对教师进行性别、年龄、学历和职称进行客观分析。

本次教师问卷共调研教师 206 名，无缺失值存在（见表 4 - 1）。

表 4 - 1　教师问卷统计量

统计量		性　别	年　龄	学　历	职　称
N	有效	206	206	206	206
	缺失	0	0	0	0

首先，对教师的性别分布进行频数分析，分析结果如下所示：

由表 4 - 2 可以看出，本次调研教师的性别中，男、女教师数各为 23 人和 182 人，分别占总人数的 11.2% 和 88.3%。由此可知，在上海义务教育阶段的学校中，女教师占多数。

表 4 - 2　教师性别频数分布表

性　别		频　数	百分比	有效百分比	累积百分比
有效	0	1	.5	.5	.5
	男	23	11.2	11.2	11.7
	女	182	88.3	88.3	100.0
	合计	206	100.0	100.0	

其次，对教师的年龄分布进行频数分析，分析结果（见表 4 - 3）。

表4-3　教师年龄频数分布表

年　龄		频　数	百分比	有效百分比	累积百分比
有效	30 岁以下	49	23.79	23.8	23.8
	31～40 岁	105	51.97	51.0	74.8
	41～50 岁	43	20.87	20.9	95.6
	51 岁以上	9	4.37	4.4	100.0
	合计	206	100.0	100.0	

由表4-3可以看出，本次调研教师的年龄在30岁以下的为49人，31～40岁的为105人，41～50岁的为43人，51岁以上为9人，所占比例分别为23.97%，50.97%，20.87%，4.37%。由此可知，在上海义务教育阶段的学校中，教师年龄在31～40岁的占了一半左右，30岁以下及41～50岁的教师各占20%多一点，51岁以上的教师较少。据表4-3得图4-1。

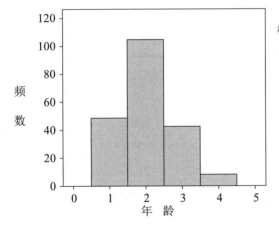

均值：2.06
标准偏差：0.788
N：206

图4-1　教师年龄频数分析统计图

然后，对教师的学历分布进行频数分析（见表4-4）。

表4-4　教师学历频数分布表

学　历		频　数	百分比	有效百分比	累积百分比
有效	专科	22	10.7	10.7	10.7
	本科	176	85.4	85.4	96.1
	研究生	8	3.9	3.9	100.0
	合计	206	100.0	100.0	

由表4-4可知，本次调研教师的学历为专科22人，本科176人，研究生8人，所占比例分别为10.7%，85.4%，3.9%。由此可知，在上海市

义务教育阶段的学校中，教师的学历本科居多，专科次之，研究生最少。据表4-4得图4-2。

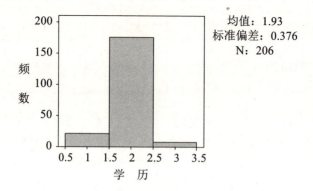

均值：1.93
标准偏差：0.376
N：206

图4-2 教师学历频数分析统计图

最后，对教师的职称分布进行频数分析（见表4-5）。

表4-5 教师职称频数分布表

职 称		频 数	百分比	有效百分比	累积百分比
有效	0	2	1.0	1.0	1.0
	初级	61	29.6	29.6	30.6
	中级	117	56.8	56.8	87.4
	高级	26	12.6	12.6	100.0
	合计	206	100.0	100.0	

由表4-5可知，本次调研教师的职称为初级的共61人，中级为117人，高级为26人，所占比例分别为29.6%，56.8%，12.6%。由此可知，在上海市义务教育阶段的学校中，教师的职称中级占一半以上，其次为初级，高级职称的教师数目最少。据表4-5得图4-3。

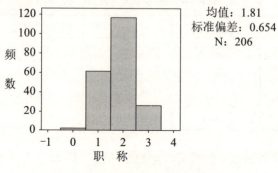

均值：1.81
标准偏差：0.654
N：206

图4-3 教师职称频数分析统计图

（二）描述性统计量

运用均值、标准差、峰度等对数据做进一步描述分析（见表4-6）。

表4-6　教师基本情况的基本描述统计量

	N	极小值	极大值	均　值	标准差	偏　度		峰　度	
	统计量	统计量	统计量	统计量	统计量	统计量	统计量	统计量	标准误差
性别	206	0	2	1.88	.342	-2.700	.169	6.586	.337
年龄	206	1	4	2.06	.788	.440	.169	-.137	.337
学历	206	1	3	1.93	.376	-.740	.169	3.713	.337
职称	206	0	3	1.81	.654	.003	.169	-.294	.337
有效的N（列表状态）	206								

对于性别、年龄、学历及职称做极大、极小值分析的意义不大，但从性别均值可以看出，教师性别为1.88，接近2，进一步验证了上海义务教育阶段的学校女教师占多数，对于年龄、学历及职称亦如此，可根据峰度及偏度值分析4变量的集中和偏离趋势及分布形态。

二、对学生问卷的处理

因学生问卷中，高中低年级问卷不同，在进行基本客观情况描述时，也应该加以区分，因而课题组采用了SPSS统计中的交叉分组下的频数分析手段。

本次学生问卷共调研学生604名，无缺失值存在（见表4-7）。

表4-7　学生问卷统计量

案例处理摘要

	案　例					
	有　效		缺　失		合　计	
	N	百分比	N	百分比	N	百分比
年级*性别	604	100.0%	0	.0%	604	100.0%

本次调研学生中，高、中、低三个年级人数各为246人，173人，185人，分别占总人数的40.73%，28.64%，30.63%。在调研的高年级学生中，男、女生人数各为134人和111人，分别占高年级学生的54.5%和45.1%；在调研的中年级学生中，男、女生人数各为85人和88人，分别占中年级学生的49.1%和50.9%；在调研的低年级学生中，男、女生人数

各为 101 人和 84 人，分别占低年级学生的 54.6% 和 45.4%；在调研的所有学生中，男、女生人数各为 320 人和 283 人，各占总人数的 53.0% 和 46.9%（见表 4-8）。由此可知，在上海义务教育阶段的学校中，男、女生人数基本持平，男生稍多。

表 4-8 学生年级、性别的二维交叉列联表
年级性别交叉制表

			性 别			合 计
			0	男	女	
年级	高年级	计数	1	134	111	246
		期望的计数	.4	130.3	115.3	246.0
		年级中的%	.4%	54.5%	45.1%	100.0%
		性别中的%	100.0%	41.9%	39.2%	40.7%
		总数的%	.2%	22.2%	18.4%	40.7%
	中年级	计数	0	85	88	173
		期望的计数	.3	91.7	81.1	173.0
		年级中的%	.0%	49.1%	50.9%	100.0%
		性别中的%	.0%	26.6%	31.1%	28.6%
		总数的%	.0%	14.1%	14.6%	28.6%
	低年级	计数	0	101	84	185
		期望的计数	.3	98.0	86.7	185.0
		年级中的%	.0%	54.6%	45.4%	100.0%
		性别中的%	.0%	31.6%	29.7%	30.6%
		总数的%	.0%	16.7%	13.9%	30.6%
合计		计数	1	320	283	604
		期望的计数	1.0	320.0	283.0	604.0
		年级中的%	.2%	53.0%	46.9%	100.0%
		性别中的%	100.0%	100.0%	100.0%	100.0%
		总数的%	.2%	53.0%	46.9%	100.0%

说明：表中数据统一四舍五入，保留到小数点后第一位。

有超过 20%（33.3%）的单元格的期望频数小于 5，不适宜用 Pearson 卡方检验，这里采用似然率卡方检验进行（见表 4-9）。由表 4-9 可以看出，似然率卡方检验的概率 P 值为 $0.508 > \alpha$，在零假设成立的前提下，卡方检验观测值出现的概率并非小概率，是可能出现的，因此没有理由拒绝零假设，不能拒绝列联表中行列变量相互独立。

表 4 - 9 学生年级、性别的一致性检验结果

卡方检验

	值	df	渐进 Sig.（双侧）
Pearson 卡方	2.968[a]	4	.563
似然比	3.306	4	.508
线性和线性组合	.057	1	.811
有效案例中的 N	.604		

a. 3 单元格（33.3%）的期望计数少于 5。最小期望计数为 .29。

从图 4 - 4 中可以清楚地看出各类年级中男女生的人数及对比。

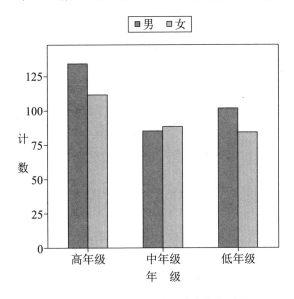

图 4 - 4 学生年级、性别的分布条形图

第五章　班级规模对于学生发展的影响分析

第一节　班级规模与学生学业成绩

班级规模与学生学业成绩之间的关系一直是班级规模的主要研究领域与话题。美国田纳西州的"星计划"（STAR Project）及其开展的持续效果研究（The Lasting Benefits Study）、威斯康星州推行的学生学业成绩保证计划（Student Achievement Guarantee in Education Program，SAGE），以及美国学者温灵斯盖（Wenglinsky）和弗格森（Ferguson）的研究都表明，缩小班级规模与学生的成绩呈正相关。与此同时，汤姆林逊（Tomlinson）和汉纳夏克（Hanushek）对美国班级规模与学生成绩之间的相关性的研究却得出了不同的结论，他们认为缩小班级规模不一定会产生更好的学生成绩，它们之间的相关性是微弱的。其实，缩小班级规模与学生成绩关系成本问题的研究主要采用"成本和效益分析"，该方法着重分析缩小班级规模的一系列投入（如教师增加的成本、增扩教室的成本等）与产出（最典型的是以学生的成绩来衡量）的关系。

从各个研究所得结论看，关于缩小班级规模与提高学生成绩的关系，研究结论有较大的分歧，但是总结大多数研究者的观点得出的结论可以归纳为两点：其一，低年级的班级规模缩小有助于学生成绩的提高；其二，若要使缩小班级规模对学生的成绩产生影响，还需要满足一定的条件。

在本研究中，根据上海市实际的情况，由于教育均衡大力发展取得的成效，各个义务教育学校之间的教育投入已经基本一致，在投入水平一致的条件下，本研究主要从收益的角度评价不同班级规模对学生学业发展的影响，从两个方面界定学生学业成绩：一是选取了调研过程中一次期中考试的成绩，将各门课程的成绩加和得到各学生成绩的总分；二是学生在过去一年获得奖励的情况，这些奖励包括参加各类各级竞赛获得的奖项以及优秀学生、三好学生等奖项。

根据样本班级规模与学生各科目成绩总分，使用 SPSS 17.0 中双变量相关性分析，分别得出 Kendall 相关系数和 Spearman 相关系数（见表5－1）。

表5－1　班级规模与考试成绩相关系数

			班级规模	考试成绩
Kendall 的 tau_b	班级规模	相关系数	1.000	－.004
		Sig.（双侧）	.	.
		N	566	566
	考试成绩	相关系数	－.004	1.000
		Sig.（双侧）	.	.
		N	566	566
Spearman 的 rho	班级规模	相关系数	1.000	－.007
		Sig.（双侧）	.	.
		N	566	566
	考试成绩	相关系数	－.007	1.000
		Sig.（双侧）	.	.
		N	566	566

通过表5－1可以看出，在本研究调研的样本区中，班级规模与学生各科目总成绩之间的 Kendall 相关系数和 Spearman 相关系数分别为 －0.004 和 －0.007，几乎没有关系。这一结论与美国的汤姆林逊和汉纳夏克的研究结论一致，说明较小的班级规模不一定更加有利于学生取得更好的学习成绩。

在初步分析了班级规模与学生各学科总成绩的关系的基础上，本研究还调查了样本区学生在各类竞赛中的获奖情况，因为在素质教育全面实施的今天，各科目学习成绩只是反映学生学业成绩的一个侧面。根据调查数据，样本班级规模与学生获奖数的双变量相关分析结果（见表5－2）。

表 5 - 2　班级规模与获得奖项数相关系数

			班级规模	获得奖项数
Kendall 的 tau_b	班级规模	相关系数	1.000	- .887
		Sig.（双侧）	.	.
		N	566	566
	获得奖项数	相关系数	- .887	1.000
		Sig.（双侧）	.	.
		N	566	566
Spearman 的 rho	班级规模	相关系数	1.000	- .904
		Sig.（双侧）	.	.
		N	566	566
	获得奖项数	相关系数	- .904	1.000
		Sig.（双侧）	.	.
		N	566	566

班级规模与学生获奖数的 Kendall τ 相关系数和 Spearman 相关系数分别为 - 0.887 和 - 0.904，它们的相关系数检验的概率 P 值都近似为 0，也意味着当显著性水平 α 为 0.05 或者 0.01 时，都应该拒绝相关系数检验的零假设，认为两总体之间存在线性关系，班级规模对学生获得奖项数量的影响是负向的。也就是说，班级规模越大，学生获得的奖项数就会越少。

综合学生各科目的总成绩与一年内的实际获奖数量来分析，应该看到，尽管在学习成绩上的差异并不明显，但是对于凸显学生综合素质的获奖数量方面的影响是非常巨大的，较小的班级规模是更加有利于学生的综合全面发展的，符合我国全面推行素质教育，促进学生综合发展的教育理念。

需要说明的是，由于班级规模与学生学业成绩的关系需要较长时间和较大范围的长期跟踪研究才能发现有效、切实、规律性的相关性，而本研究受到一些限制因素的影响，只是尽可能地呈现调研样本区在调研过程中的实际情况，可能研究还不够细化。

在本章随后的章节中，结合课题的研究内容，选择了教育收益指标体系中"学生发展"一级指标下的"情感发展"二级指标，着重分析了班级规模与学生情感发展的相关性，测算出不同班级规模中的学生发展状态后，提出相应的对策建议，类推本研究收益指标体系中的其他二级指标，希望以此来探索比较广义上的通用路径与方法。

第二节 学生发展与学生情感发展

一、学生发展

2010 年，《十二五规划》《教育规划纲要》明确提出我国教育事业的发展的目标是促进教育公平，提高教育质量。学生是教育的中心，学生发展是促进教育公平和提升教育质量的根本，尤其是良好的学生情感发展有助于激发学生的学习兴趣，增强社会交往。同时，班级是学生接受学校教育最基础的系统要素，而班级规模是学校教育资源配置的显著指标。因此，从促进学生情感发展角度审视义务教育适度班级规模，探讨班级规模与学生情感发展的相关关系有助于明晰学生情感发展的方式，进而实现义务教育"促进公平、提高质量"的目标。

本研究从规模经济理论出发，主要采用历史分析法、调查研究法和实证分析法，把上海市 3 个样本区 6 所义务教育学校的班级规模与学生情感发展状态作为研究对象，在理论研究联系客观实际的基础上将班级规模分为：20 人以下、21～25 人、26～30 人、31～35 人和 36 人以上 5 个区间；将学生情感发展分为品性发展、学习态度和人际互动 3 个维度，并细化成 8 个具体指标，由此设计相应调查问卷和访谈提纲。在研究过程上，本研究以文献研究资料为基础，以实地调研数据为根本，以 SPSS 17.0 和 EXCEL 2007 为主要研究工具，首先对研究数据做初步统计处理，然后分析班级规模与学生情感发展的相关性及其显著性水平，再借助标准分，测算出不同班级规模中的学生发展状态，最后提出相应的对策建议。本研究基于上海市 3 个样本区，探讨义务教育班级规模与学生情感发展的相关性，不仅有助于开辟新的促进学生情感教育的切入口，也为义务教育班级适度规模的相关实证研究提供了更为丰富的内容。

（一）国外学生发展研究综述

"学生发展"一直是教育界惯常使用的概念，但它不是自始至终独立存在的，在国外的研究中大多是与学生的"人格发展"、"自我发展"、"心理发展"、"道德发展"、"智力发展"、"技能发展"等概念联系在一起论述的。从研究视角上来看，国外研究者一般从教育学和心理学两个学科的视角去认识"学生发展"相关问题。基于教育学的视角，最普遍并且全面的内涵是"学生全面发展"，在此广泛的内涵之下包含一些更加具体的含义，如"学生素质发展"，也有学者认为"发展"的最高层次的内涵应该是"创新发展"，因为创新是生产力进步、社会发展的最重要动力；基于心理学科的研究视角，是从感觉、知觉、记忆、动机、个性、情感、意志等方面来对个体进行研究的，个体的发展就是这些因素的不断优化、提高，学生发展也就是指这些要素的发展①。

学生发展相关研究的代表性观点比较繁杂，古希腊哲学家亚里士多德（Aristotle）主张学生应当在德、智、体、美等方面全面发展，且在不同年龄阶段需要有所侧重。不过他的研究重心是放在发展学生的智力上的，还指出教育的最终目的是理性的发展，并为此设立了"百科全书式"的课程。美国社会生态学教授约翰逊·惠特利（Johnson. M. Whitley）认为，道德的发展、人的社会化、人格的形成以及对公平认识的发展构成了自我发展。人格发展一般是指个体在日益复杂的状态下，能够有能力理解什么是正确的或者什么是好的，并且有意愿也有勇气按照所理解的这些概念或观点付诸实践行动。在这个过程中，一个成熟的个体能够通过自身与他人以及周边现实环境相互作用、相互影响，引起自身内在的或者说心理上的进步——这是需要我们重点了解的。伴随着教育的不断发展，美国大教育家杜威（John Dewey）的相关研究及成果赋予了"（儿童）发展"现代教育意义，并且较为深入地阐述了其科学内涵。他第一次系统性地解释了学校教育中人的发展的内涵，这源自于他极其深刻地理解了现代社会化工业大生产对注重人的智力发展的客观要求。他着重强调教育应该是以一切儿童为中心的，促进儿童的发展是教育灵魂，同时教育应该是使儿童能够在生活中扩充经验的数量，也能够使用经验增强生活的能力，因此，可以说学校就是社会，教育就是生活、生长和经验的改造。20 世纪 50 年代，苏联著名教育家、心理学家赞科夫（Zankov）曾经提出了其独特的"学生发展"的观点，即"一般发展"，这是赞科夫教学论中的核心概念。所谓"一般发展"是指儿童个性的发展，就是不仅发展儿童的智力，而且发展儿童的情感、意志品质、性格和集体主义思想，换言之，一般发展是要包含学生个性的所有方面的发展。瑞士著名教育家裴斯泰洛齐（Johann Heinrich Pestalozzi）认为，真正的人性的发现和完人的培养，可以促进人的自身素质达到尽可能圆满的境地，这就是教学的目的。也就是说，教学的目的正是在于发展学生的一切天赋与能力，并且这种发展必须是全面的、和谐的。他强调指出，和谐发展是人作为一个社会成员所必须具备的要素。

（二）国内学生发展研究综述

自古以来，我国的教育就非常重视学生的发展问题，对于学生发展的

---

① 李继兵：《大学文化与学生发展关系研究》，武汉，华中科技大学出版社，2006。

研究也比较广泛，尽管"学生发展"这个概念从古至今在各类的研究与讨论中比较常见，但是更多的是一个约定俗成的概念，对"学生发展"比较完整准确的定义至今尚未见到。

近代以来，最早明确提出"学生发展"的是蔡元培先生，体现在他的"五育方针"中，他认为军国民教育、实利主义教育、公民道德教育、世界观教育和美感教育"皆今日之教育所不可偏废"。关于"学生发展"研究，由于近年来素质教育是我国基础教育中的主流观点，因此，教育理论界也多在此视角内进行研究。研究者一般强调的"学生发展"更多地是指学生的全面发展，促进学生全面发展已经成为素质教育视野下教育各界的共同目标。刘绍曾和尹同吉从自然和社会两个层面规定学生发展，指出学生发展是沿着两个层面同时展开的，即一个方面是自然发展，是指学生身体形态、各个器官系统的机能以及各项身体素质的正常发展；另一个方面是社会发展，是指学生心理方面、精神方面的发展。邢真则主要从个人与社会的统一中规定学生发展，他认为发展是以学生的生物性遗传因素为物质基础，学生的身心素质会在教育、环境和个体主观能动性的三者的交互作用下发生并获得持续性的变化，其理想状态是学生的社会化和个性化两种发展和谐统一的实现。成培华不仅仅局限于个体发展的内容，更加详细地分析了学生发展的内涵。大多研究者在解释学生发展的时候，是从两个角度去探讨，即一是发展的内容有哪些，二是发展的方向如何，在这两个方面中，研究者们重点探讨的是学生发展的内容。此外，还有研究者基于自身的专业学科背景曾尝试从社会学、心理学等不同学科的视角对学生发展进行诠释和探究，但具有广泛影响的研究并不多见。综观国内外关于学生发展的相关研究可以看出，以学生发展为根本目的的研究呈现出多元化的特点，理论成果形式也比较多样，总之，关注学生全面与自由和谐的发展，正成为教育学界的共识。

另外，在实践领域，也有研究者尝试开展有关学生情感态度的调查，但是这些调查多限于学科和学校等背景因素，分析在不同学科背景知识的渗透下学生"情感态度价值观"的发展方向。

（三）学生发展研究述评

关于学生发展的研究，国内研究大多基于心理学和社会学的学科理论分析"是什么"，而后根据现状提出"要怎样"的建议与对策，但是对于具体的评价内容、标准、方法并未涉及太多。以往从班级规模角度研究学生发展或具体到学生情感发展的研究相对较少，部分研究是进行规范描述，尝试将学生情感发展设定为几个维度，但各具体的维度在班级范围内讨论的研究几乎没有，因此这也成为本研究可以说是在探寻一种可行的研究方式，这既是研究的创新点也是本研究开展的主要动因，期望为众多研究开创全新的思路尽绵薄之力。

自从现代教育产生发展以来，义务教育始终是教育的基石，学生则是这块基石承载的最重要内容，因此有必要关注义务教育阶段学生发展，尤其是相对更为人重视的但也更为复杂的学生情感发展。班级规模作为学生日常最重要的环境因素，必然深刻地影响到学生的成长。本研究以规模经济理论和学生发展理论为基础，力图开拓新的研究视野，将这两个基本的理论运用于义务教育班级适度规模和学生情感发展的研究中，尝试补充和扩展这些理论在具体班级管理、班级教学等实践中的应用。尤其是，本研究侧重于考察义务教育班级规模与学生情感发展的相互关系，并使用实证研究的方法阐释在不同班级规模中学生情感发展各个维度的实际情况，以不同于以往的视角探索促进学生情感，进而促进学生全面发展的有效方式，从而为义务教育班级适度规模的全面、深入研究起到推动作用。

二、学生情感发展

学生的情感发展一直是学生发展的最重要组成部分之一，关注学生情感就是关注学生的感受、体验、态度和价值观，关注学生情感的教育是更注重生命成长、精神培育和全面发展的教育。布鲁姆提出"虽然为学生的情感行为确定一个终结性分数不是一个好办法，然而为了对学生作出适当的诊断和安置，往往也需要评价学生的情感行为"[①]。在新课程改革中，课程改革的一大目标也是发展"情感态度价值观"，但是，对于什么是学生情感发展却一直难以有一个明确的界定。《心理学大辞典》中认为"情感是人对客观事物是否满足自己的需要而产生的态度体验"[②]。具体到学生的方面，钟启泉认为"情感不仅指学习兴趣、学习热情、学习动机，更是指内心体验和心灵世界的丰富"[③]。

结合上述情感的定义，本研究对学生情感发展相关的三个维度进行了界定：品行发展，是学生根据一定的道德守则和日常行为规范表现出自己的行为时所体现出来的具有稳定性的心理特征和倾向，而本研究的设计包含道德品质、生活态度和情绪管理三个子维度；学习态度，主要指学生的学习兴趣和主动性，也包括由此延伸的创新精神与思考能力，包含学习兴趣、创新与思考两个子维度；人际互动，包括学生在班级范围内的交往过程中的沟通交流能力、适于建立良好人际关系的人格品质、交往过程中合

---

① 〔美〕B. S. 布鲁姆：《教育评价》，邱渊、王钢等译，上海，华东师范大学出版社，1987，第485页。

② 林崇德、杨治良、黄希庭：《心理学大辞典》，上海，上海教育出版社，2003，第12页。

③ 钟启泉、崔允漷等：《为了中华民族的复兴，为了每位学生的发展：〈基础教育课程改革纲要（试行）〉解读》，上海，华东师范大学出版社，2001，第276页。

作的态度以及由此产生的班级认同感等一系列内在的、相对稳定的品质，包含师生关系、生生关系、班级认同三个子维度。

综合上述，将学生情感发展界定为在班级内由各群体之间各种行为与活动及其相互影响的作用下，学生在生活、学习和人际交往等方面所收获的个人感受以及由此表现出来的结果。本研究尝试通过问卷调查与访谈调查了解学生情感发展表现出来的状态与结果，并将其量化。

第三节　研究设计

一、研究目标

本研究运用规模经济的一般理论，综合经济学与教育学的一般研究方式，深入义务教育学校班级这一微观层面，通过对上海市3个区6所义务教育学校以及中部地区两所义务教育学校的班级规模和学生情感发展状态的基础调研数据，论证班级规模与学生情感发展的相关性，并在相关性研究的基础上，说明不同班级规模中学生情感发展的实际状况，尝试测算并说明最有利于学生情感发展的适度班级规模区间。然后，在学校管理的中观层面上，以促进学生情感发展为切入口，为义务教育学校提高教育教学质量提出建议，同时对构建义务教育班级适度规模以及促进学生全面发展的评价方式与指标体系的宏观政策制定起到铺垫的作用。

二、研究假设

开展本研究基于以下5个假设。

假设1：基于规模经济研究的一般性假设，在本研究中，假设在整个研究与调查开展的一段时期内，所选取的样本区义务教育学校的教育技术水平是恒定不变的，即样本区义务教育学校的硬件水平（包括义务教育的经费投入、设施建设、设备投入等）、软件水平（包括教师资源投入、教育教学方法、学校教学管理等）和环境因素（包括义务教育政策、学校周边社区环境等）均未发生任何改变。

假设2：在本研究的问卷设计和实地调研中，根据前期准备阶段与样本学校校长或者教师初步访谈后达成的一致性意见，考虑到1～2年级的学生在问卷调查与访谈调查中参与能力上的限制，本研究在正式开展的过程中，未将这一部分学生列入研究的范围，也就是说，本研究中的义务教育阶段学生主要是指3～9年级的义务教育在校学生。因此，假设3～9

年级的义务教育阶段在校学生所反映出的实际状态可以有效地反映出整个义务教育阶段在校学生的情感发展状态。

假设3：本研究的问卷调查与访谈调查主要在上海市3个样本区展开，分别是M区、C区和P区，这3个样本区分别代表了上海市教育发达城区（C区）、教育次发达城区（P区）和教育近郊区（M区）。假设这3个样本区可以基本覆盖上海市义务教育发展的各种水平，能够反映出上海市义务教育班级规模的基本情况和学生情感发展的实际状态。

除此之外，由于东中部地区教育发展存在差异，本研究还选取了中部地区两所义务教育学校，这两所学校的师资、生源和班级规模都反映了中部地区的义务教育的平均水平，具有广泛的代表性。

假设4：假设学生情感发展可以通过合理的指标设计，借助问卷调查获得研究数据，使用统计学的相关计量手段有效地使其赋值量化，并且进一步做出相关的研究与评价。

假设5：义务教育中，班级规模与学生情感发展具有相关性且较为显著，即班级规模与学生情感发展状态可能呈某种线性相关的关系。

三、研究内容

第一，通过收集、整理与分析文献资料，了解国内外学校及班级规模和学生成长及发展的相关理论研究、研究成果，以及学生发展性评价方法与指标设计。对以往研究的视角、方法、观点、结论进行梳理、总结，尝试在以往研究的基础上，借鉴其研究方法和手段，并在本研究中竭力避免其不足。

第二，了解我国20世纪90年代中期以来，近20年就小班化教学改革以及课程改革发布的主要政策、意见，采取的主要改革措施，及其实施成效的有关资料，以上海地区为主并增加中部地区样本，通过关注它们的历史演进和背景信息，较为充分地掌握与班级规模和学生情感发展相关的实践探索，使得本研究更加贴近义务教育改革的实际。

第三，基于上海市义务教育班级规模的发展变化，对班级规模关键指标性变量的分析发现上海市义务教育班级规模发展的特殊性，也为明确本研究中上海市3个区义务教育班级规模的区间的划分寻找科学合理的基础。同时，本研究补充了中部地区的两所义务学校的样本，通过对不同班级规模的效益分析，旨在寻求中部地区班级规模的合理区间。

第四，将学生情感发展的考量指标化，设置为3个维度：品行发展，学习态度和人际互动；分别细化为8个指标：道德品质，生活态度和情绪管理，学习兴趣和创新思考，师生交往、生生交往和班级认同。借助问卷调查和访谈调查分别对各个指标进行调研，掌握学生情感发展状况总体的情况。

第五，选择东中部地区8所义务教育学校中的865个样本学生进行问卷调查，通过对调查结果的处理与分析，了解样本学校样本学生情感发展的状态，并且以69位样本学校校长与教师的访谈调查为辅助，对问卷调查结果进行有效的补充。

第六，根据问卷调查与访谈调查的实际结果，运用统计学的方法，针对上海市义务教育班级规模与学生情感发展进行相关性分析及显著性检验，同时在此基础上分析不同班级规模条件下学生情感发展的实际状态。

第七，对上述研究的具体结论的再解释、再分析，提出合适义务教育班级规模、促进学生情感发展的建议，也是由此从一个微观的视角为《十二五规划》中以"促进公平、提高质量"和《教育规划纲要》中"深化课程与教学方法改革，推行小班化教学"等教育改革目标的实现提出可供参考的发展策略。

四、研究思路和流程

（一）研究思路

步骤一：通过历史分析法，收集、分析、整理文献研究中相关的成果与结论，首先了解国内外以往对于学校与班级规模、学生发展问题研究的视角、理论依据、研究成果和研究方法；其次借鉴以往国内外研究中班级规模测量方法、划分标准，以及学生情感发展的评价内容、方法和指标。

步骤二：通过历史分析法，整理和分析与班级规模关键指标有关的年鉴数据和实际发展，结合国家的政策文件，了解我国推动小班化教学改革所采取的政策与措施以及实施成效等，确定分析不同班级规模条件下学生情感发展的实际状态的班级规模区间。

步骤三：在上述研究的基础上，结合对调研学校的初步了解，将学生情感发展状况分为3个维度，细化为8个指标，编制调查问卷与访谈提纲，准备实地调查，以各指标分析得出学生情感发展的实际状态。

步骤四：通过调查研究法，主要借助问卷调查和访谈调查，开展实地调研，获得第一手的研究数据，作为下一步研究的最重要依据。

步骤五：录入和初步处理调查问卷数据，整理和分析访谈纪要卡。

步骤六：对班级规模与学生情感发展的各个指标逐一进行相关性分析，证明班级规模与学生情感发展状态的相关性并说明其显著性水平。

步骤七：计算不同班级规模中的学生情感发展状态的标准分，说明学生情感发展状态最佳的适度班级规模区间。

步骤八：以班级规模与学生情感发展相关性分析和不同班级规模中的学生情感发展状态的标准分结果，总结研究结论，从教育管理者的视野和学校管理者的角度提出建议。

（二）研究流程

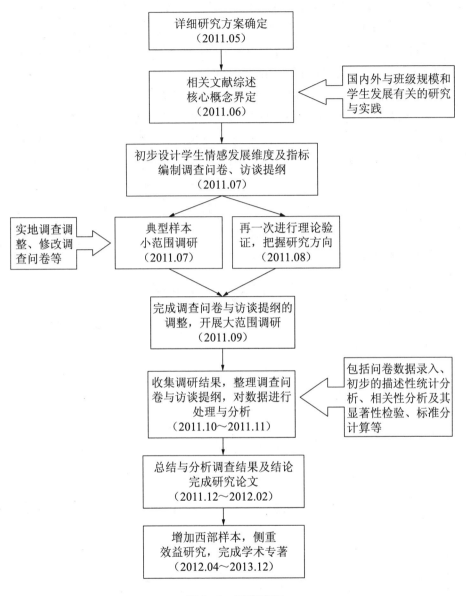

图 5 - 1　研究流程

第四节　义务教育班级规模与学生情感发展的相关性分析

本研究试图探索出义务教育班级规模与学生情感发展具有相关性，那么学生情感发展通过指标量化后的标准分应作为因变量，班级实际规模就是自变量。利用相关系数进行两变量间线性关系的分析通常有两个步骤：一是计算样本相关系数，另一个是对样本来自的总体是否存在显著的线性关系进行推断。按照相关分析的一般步骤，在本节中将对班级规模与学生情感发展各二级指标分别进行相关性分析。

需要说明的是，SPSS 17.0 计算双变量相关关系的同时，会对变量相关系数的统计检验的概率值 P 进行分析，输出的相关系数结果表中，若相关系数旁边标示两个星号（**）表示置信度（双侧）为 0.01 时，即 α 为 0.05 时可拒绝零假设，相关性是显著的；若相关系数旁边标示一个星号（*）表示置信度（双侧）为 0.05 时，即 α 为 0.01 时可拒绝零假设，相关性是显著的。也就是说，两个星号会比一个星号拒绝零假设犯错误的可能性更小。在本章以下的所有相关性分析中，如果没有特殊的说明，Kendall 相关系数表和 Spearman 相关系数表的星号（*）和双星号（**）均代表如上所述的含义。

一、义务教育班级规模与学生品行发展的相关性分析

根据上海地区样本班级规模与学生品行发展的标准分，使用 SPSS 17.0 中双变量相关性分析，分别得出 Kendall 相关系数（见表 5 - 3）和 Spearman 相关系数（见表 5 - 4）。

表 5 - 3　班级规模与学生品行发展的 Kendall 相关系数

			班级规模	道德品质	生活态度	情绪管理
Kendall 的 tau_b	班级规模	相关系数	1.000	-.526**	.679*	-.038**
		Sig.（双侧）	.	.000	.038	.000
		N	566	566	566	566
	道德品质	相关系数	-.526**	1.000	.310**	.100**
		Sig.（双侧）	.000	.	.000	.002
		N	566	566	566	566
	生活态度	相关系数	.679*	.310**	1.000	.305**
		Sig.（双侧）	.038	.000	.	.000
		N	566	566	566	566
	情绪管理	相关系数	-.038**	.100**	.305**	1.000
		Sig.（双侧）	.000	.002	.000	.
		N	566	566	566	566

表 5 – 4 班级规模与学生品行发展的 Spearman 相关系数

			班级规模	道德品质	生活态度	情绪管理
Spearman 的 rho	班级规模	相关系数	1.000	-.536**	.670*	-.049**
		Sig.（双侧）	.	.000	.038	.000
		N	566	566	566	566
	道德品质	相关系数	-.536**	1.000	.383**	.125**
		Sig.（双侧）	.000	.	.000	.003
		N	566	566	566	566
	生活态度	相关系数	.670*	.383**	1.000	.379**
		Sig.（双侧）	.038	.000	.	.000
		N	566	566	566	566
	情绪管理	相关系数	-.049	.125**	.379**	1.000
		Sig.（双侧）	.244	.003	.000	.
		N	566	566	566	566

由表 5 – 3 和表 5 – 4 可知，班级规模与道德品质的 Kendall τ 相关系数和 Spearman 相关系数分别为 -0.526 和 -0.536，它们的相关系数检验的概率 P 值都近似为 0，也就是说当显著性水平 α 为 0.05 或者 0.01 时，都应该拒绝相关系数检验的零假设，认为两总体之间存在线性关系，班级规模对学生道德品质的影响是负向的。因此，从有利于学校德育建设的角度，班级规模越小，学生德育教育与活动的效果也会越加明显。

班级规模与生活态度的 Kendall τ 相关系数和 Spearman 相关系数分别为 0.679 和 0.670，并且在显著性水平 α 为 0.05 时，认为班级规模与学生生活态度呈现弱正相关。这一分析结果说明，班级中学生的互相激励作用是明显的，当班级群体学习态度积极时，个别学生也会受此影响，拥有端正的学习态度。

班级规模与情绪管理的 Kendall τ 相关系数和 Spearman 相关系数分别为 -0.038 和 -0.049，由于 P 值近似为 0，小于显著性水平 α，应该拒绝零假设，认为班级规模与学生情绪管理基本不存在相关关系。

二、义务教育班级规模与学生学习态度的相关性分析

根据上海地区样本班级规模与学生学习态度的标准分，使用 SPSS 17.0 中双变量相关性分析，Kendall 相关系数（见表 5 – 5）和 Spearman 相关系数（见表 5 – 6）。

表5-5　班级规模与学生学习态度的 Kendall 相关系数

			班级人数	学习兴趣	创新思考
Kendall 的 tau_b	班级人数	相关系数	1.000	-.793*	.812**
		Sig.（双侧）	.	.035	.004
		N	566	566	566
	学习兴趣	相关系数	-.793*	1.000	.291**
		Sig.（双侧）	.035	.	.000
		N	566	566	566
	创新思考	相关系数	.812**	.291**	1.000
		Sig.（双侧）	.004	.000	.
		N	566	566	566

表5-6　班级规模与学生学习态度的 Spearman 相关系数

			班级人数	学习兴趣	创新思考
Spearman 的 rho	班级人数	相关系数	1.000	-.824*	.819**
		Sig.（双侧）	.	.026	.000
		N	566	566	566
	学习兴趣	相关系数	-.824*	1.000	.358**
		Sig.（双侧）	.026	.	.000
		N	566	566	566
	创新思考	相关系数	.819**	.358**	1.000
		Sig.（双侧）	.000	.000	.
		N	566	566	566

　　由表5-5和表5-6可知，班级规模与学生学习兴趣的 Kendall τ 相关系数和 Spearman 相关系数分别为 -0.793 和 -0.824，并且在显著性水平 α 为 0.05 时，应该拒绝相关系数检验的零假设，认为两总体之间存在线性关系，班级规模与学生学习兴趣呈负相关，也就是班级规模越大，学生学习兴趣越弱，班级规模越小，学生的学习兴趣越浓厚。这一分析结果与小班化教学实施的一般结论是一致的，首先班级规模较小的时候，教师可以有更多的时间和精力与学生进行单独的交流，可以根据学生的具体情况，因材施教，培养学生的个性与兴趣；其次，班级规模较小时，学生与学生之间的交流也会更加频繁与亲密，在相互讨论与合作的基础上，可以互相培养更加浓厚的学习兴趣。

　　班级规模与学生的创新思考精神的 Kendall τ 相关系数和 Spearman 相关

系数分别为 0.812 和 0.819，由于 P 值近似为 0，小于显著性水平 α，应该拒绝零假设，可以得出结论：义务教育班级规模与学生的创新思考精神正相关。这一分析结果与笔者的预先判断略有差距，但是仔细分析可以看出，创新精神是一种独立的思考能力，但是并非固执己见、孤芳自赏，很多创新理念的出现都是在相互交流、团结合作的基础上产生的，也就是说，创新精神的培养和创新理念的产生需要在认识事物的基础上大胆质疑。因此，当班级规模较大时，学生之间不同思想与想法汇聚在一起，加之良好的沟通与交流，反而有利于创新思考精神的发展。

三、义务教育班级规模与学生人际互动的相关性分析

根据上海地区样本班级规模与学生人际互动的标准分，使用 SPSS 17.0 中双变量相关性分析，分别得出 Kendall 相关系数（见表 5 - 7）和 Spearman 相关系数（见表 5 - 8）。

表 5 - 7　班级规模与学生人际互动的 Kendall 相关系数

			班级规模	师生关系	生生关系	班级认同
Kendall 的 tau_b	班级规模	相关系数	1.000	- .864*	.606*	- .743*
		Sig.（双侧）	.	.042	.046	.017
		N	566	566	566	566
	师生关系	相关系数	- .864*	1.000	.498**	.517**
		Sig.（双侧）	.042	.	.000	.000
		N	566	566	566	566
	生生关系	相关系数	.606*	.498**	1.000	.483**
		Sig.（双侧）	.046	.000	.	.000
		N	566	566	566	566
	班级认同	相关系数	- .743*	.517**	.483**	1.000
		Sig.（双侧）	.017	.000	.000	.
		N	566	566	566	566

表 5-8 班级规模与学生人际互动的 Spearman 相关系数

			班级规模	师生关系	生生关系	班级认同
Spearman 的 rho	班级规模	相关系数	1.000	-.887*	.556*	-.755*
		Sig.（双侧）	.	.039	.034	.014
		N	566	566	566	566
	师生关系	相关系数	-.887*	1.000	.604**	.631**
		Sig.（双侧）	.039	.	.000	.000
		N	566	566	566	566
	生生关系	相关系数	.556*	.604**	1.000	.592**
		Sig.（双侧）	.034	.000	.	.000
		N	566	566	566	566
	班级认同	相关系数	-.755*	.631**	.592**	1.000
		Sig.（双侧）	.014	.000	.000	.
		N	566	566	566	566

根据表 5-7 和表 5-8 的显示结果，班级规模与师生交往情况的 Kendall τ 相关系数和 Spearman 相关系数分别为 -0.864 和 -0.887，并且在显著性水平 α 为 0.05 时，认为班级规模与学生生活态度呈现负向线性关系。这一结论充分地说明了小班化教学的最明显优势，即小班化教学可以有效地增加教师与学生的互动，提高学生学业成就，促进全面发展，进而提升学校教育的收益。

班级规模与生生交往的 Kendall τ 相关系数和 Spearman 相关系数分别为 0.606 和 0.556，它们的相关系数检验的概率 P 值都近似为 0，也意味着当显著性水平 α 为 0.05 或者 0.01 时，都应该拒绝相关系数检验的零假设，认为两总体之间存在线性关系，班级规模对学生之间的交往状态的影响是正向的。由此分析结果，班级规模与生生交往的相关性是比较不明显的，但在很大程度上说明了伙伴在青少年发展中的重要作用，在相对更大的班级中，学生会拥有更多的成长伙伴，共同发展。

班级规模与班级认同的 Kendall τ 相关系数和 Spearman 相关系数分别为 -0.743 和 -0.755，由于 P 值分别为 0.017 和 0.014，近似为 0，因此在显著性水平 α 为 0.05 时，应该拒绝零假设，认为班级规模与班级认同呈现负向线性关系，也就是随着班级规模的逐渐变大，学生对班级认同将逐渐变弱。班级认同建立在良好的班级群体互动的基础上，学生只有在班级中才能够真切地感受到教师和同学对其的尊重、理解与关怀，才会形成班级归属感，对班级精神认同。

四、东部地区班级规模与学生情感发展相关性总结

通过这一部分对义务教育班级规模与学生情感发展各个二级指标进行的相关性分析，可以看到，班级规模与学生情感发展的各个二级指标的相关性不尽相同，通过逐一的相关性分析，可得班级规模与学生情感发展各个二级指标的相关系数（见表5－9）。

表5－9 班级规模与学生情感发展各二级指标的相关系数

学生情感发展的二级指标	Kendall 相关系数 班级规模	Spearman 相关系数 班级规模	初步结论
道德品质	$-.526^{**}$	$-.536^{**}$	一般负相关
生活态度	$.679^{*}$	$.670^{*}$	一般正相关
情绪管理	$-.038^{**}$	$-.049^{**}$	基本不相关
学习兴趣	$-.793^{*}$	$-.824^{*}$	强负相关
创新思考	$.812^{**}$	$.819^{**}$	强正相关
师生关系	$-.864^{*}$	$-.887^{*}$	强负相关
生生关系	$.606^{*}$	$.556^{*}$	一般正相关
班级认同	$-.743^{*}$	$-.755^{*}$	强负相关

五、中部地区义务教育班级规模与学生发展的相关性分析

根据中部地区样本的班级规模与学生发展的标准分，使用 SPSS 17.0 中的双变量相关性分析，分别得出 Kendall 相关系数和 Spearman 相关系数（见表5－10）。

表5－10 中部地区班级规模与学生发展的 **Kendall** 和 **Spearman** 相关系数

			学生发展	班级规模等级
Kendall 的 tau_b	学生发展	相关系数	1.000	$.253^{**}$
		Sig.（双侧）	.	.002
		N	248	248
	班级规模等级	相关系数	$.553^{**}$	1.000
		Sig.（双侧）	.002	.
		N	248	248

			学生发展	班级规模等级
Spearman 的 rho	学生发展	相关系数	1.000	.289 **
		Sig.（双侧）	.	.003
		N	248	248
	班级规模等级	相关系数	.589 **	1.000
		Sig.（双侧）	.003	.
		N	248	248

**. 在置信度（双测）为 0.01 时，相关性是显著的。

根据表 5 - 10 的显示结果，班级规模与学生发展的 Kendall τ 和 Spearman 相关系数分别为 0.253 和 0.289，P 值均小于 0.01。说明班级规模与学生发展呈正相关，班级规模越大，越有利于学生的发展。班级人数越多，班级集体效应强，对学生个体的发展形成比较强大的导向作用。学生受朋辈文化的影响，会相互学习和模仿，互相交流互动，有利于学生人际交往，遇到困难会积极寻求帮助，会积极参加集体活动，因此促进学生的发展。

与中部地区的样本比较，可以发现，东部地区的班级规模与学生情感发展的各个指标的相关性不尽相同，8 个二级指标中，有 3 个正相关、4 个负相关和 1 个不相关，由此可见，东部地区的班级规模与学生发展的相关性的情况比较复杂，这可能是由于上海市各区义务教育学校发展情况不均衡造成的，影响这一情况的因素可能与学生生源、师资力量和学校的定位等有关。

第五节　不同义务教育班级规模中学生情感发展状态的分析

义务教育班级规模和学生情感发展的各个二级指标的相关性分析结果可以看出，班级规模与部分二级指标呈现正相关，与部分二级指标呈现负相关，与部分指标基本不相关，那么，我们就要思考，如果将这些指标融合在一起分析时，它们之间究竟是如何相互影响的？在不同班级规模中，学生情感发展状态究竟是怎样的呢？是不是可以通过量化的手段，找到一个最有利于学生情感发展的最佳区间呢？

循着这个思路，以第四节的分析结果为基础，去除基本不相关的二级指标"情绪管理"，在本章中将对不同班级规模中学生情感发展的状态进行描述，说明不同的班级规模范围内，学生情感发展在总体上分别如何，主要的评判标准为前期研究计算出的标准分，辅助采取均值。再一次说明，学生调查问卷作为本研究中考量学生情感发展状态的主要研究论据，调查问卷中各问题选项采用了四级量表的形式，每一设问设置4个问题选项，选择"非常同意"计作4分、选择"同意"计作3分、选择"不同意"计作2分、选择"非常不同意"计作1分。对调查获取的数据处理时，每个学生样本的分数按照指标分别计算和、平均值。为了使每个学生样本的分数能够更加有效地计算，反映出每一个分数距离平均数的相对标准距离，本研究对数据的深入分析采用了计算标准分数的方法，尽可能地使用统一的计算方式表现学生情感发展状态。

在这一部分的分析中，将继续遵循前面的研究逻辑路线，首先分析不同班级规模中学生情感发展的具体指标的实际状态，然后再从总体上把握上海市义务教育阶段学生情感发展的整体状态。

一、计算方法说明

本研究在上海市M区、C区和P区3个样本区及中部地区共抽取了小学5所、初中3所，共8所普通义务教育学校开展调研，主要的研究对象是义务教育学生情感发展的状态。本章中将按照中东部义务教育班级规模概况和调研样本班级规模分布实际及以往班级规模研究基本框架，将班级规模划分为20人以下、21～25人、26～30人、31～35人、36人以上5类，将每类班级规模范围下所对应的学生情感发展状态进行统计汇总、计算标准分和均值，最终标准分作为量化标准，在同一张图表上显示本研究中不同班级规模范围下的学生情感发展状态。

二、东部地区不同班级规模中学生品行发展的分析

按照上述计算方法，对调查问卷的有效数据的处理结果，不同班级规模中学生品行发展状态（见表5-11、图5-2）。

表5-11 不同班级规模中学生品行发展状态

班级规模范围	学生品行发展状态		
	N	均值	标准分
20人以下	51	10.026	2.303
21～25人	90	10.019	2.318
26～30人	149	9.940	2.468
31～35人	91	10.026	2.304
36人以上	185	9.951	2.446

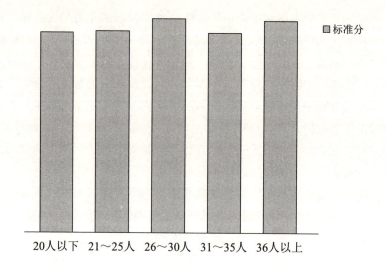

图 5 - 2 不同班级规模中学生品行发展状态

由表 5 - 11 和图 5 - 2 可知，整体上看，在这一维度中各个班级规模中学生品性发展的实际情况相差不大。具体来说，就义务教育阶段学生情感发展的品性发展一个维度而言，26 ～ 30 人的班级更有利学生在品行方面的发展，但是 36 人以上的班级中学生的标准分与其相差无几。

（一）不同班级规模中学生学习态度的分析

在 31 ～ 35 人的班级中更加有助于培养学生的创新精神与思考能力，并且优势较为明显。但是，整体看来，在这一指标中，并没有明显的线性规律（见表 5 - 12、图 5 - 3）。需要说明的是，由于在相关性分析中已经说明学习态度与班级规模的相关性不大，因此在此处的计算中已经将该指标提出，也就是说，此处的标准分情况更多地呈现的是学生创新思考方面的状态。

表 5 - 12 不同班级规模中学生学习态度情况

班级规模范围	学生学习态度情况		
	N	均值	标准分
20 人以下	51	9.265	1.614
21 ～ 25 人	90	9.328	1.494
26 ～ 30 人	149	9.141	1.850
31 ～ 35 人	91	9.016	2.086
36 人以上	185	9.178	1.778

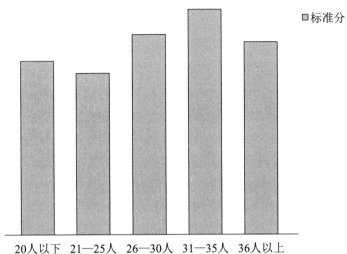

图5-3　不同班级规模中学生学习态度情况

（二）不同班级规模中学生人际互动的分析

在班级规模与学生人际互动方面来看，20人以下的班级（见表5-13、图5-4）更加有利于学生在此方面的发展，这一结论也正好符合和学新提出的"教育关照度"的命题；根据教育关照度的内涵，它可以说明如果教师对每个学生进行均等教育的话，每个学生将得到教师何种程度的关心与照顾。关照度指数越大，表明教师对每个学生的关心与照顾越多，师生个别交往的机会与时间越多，每个学生的发展可能会越好，提高教育关照度有助于教育机会的真正均等①。因此，在此维度上，班级规模越小越好。

表5-13　不同班级规模中学生人际互动情况

班级规模范围	学生人际互动情况		
	N	均值	标准分
20人以下	51	14.092	1.156
21～25人	90	13.707	0.825
26～30人	149	13.069	0.789
31～35人	91	13.027	0.489
36人以上	185	12.452	0.466

① 和学新：《小班化教育的理性思索》，《辽宁教育研究》2001年第11期。

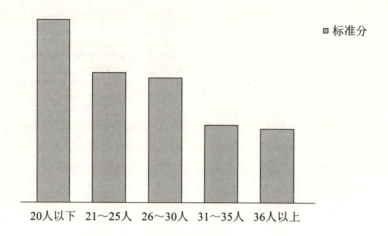

图5-4　不同班级规模中学生人际互动情况

三、东部地区班级规模的分析总结

在上述对学生情感发展3个维度的指标分别分析后，我们看到，26～30人的班级更有助于学生品性发展，31～35人的班级更有助于学生学习态度，20人以下的班级更有助于学生人际互动的成长。综合学生情感发展的3个维度，不同班级规模中学生有不同的情感发展状态（见表5-16、图5-5）。

表5-14　不同班级规模中学生情感发展状态

班级规模范围	学生情感发展状态		
	N	均值	标准分
20人以下	51	11.360	0.884
21～25人	90	11.229	1.083
26～30人	149	10.914	1.684
31～35人	91	10.978	1.569
36人以上	185	11.071	1.384

从表5-14和图5-5可以看出，在总体分布态势上，调研样本学校中，学生本身处在班级规模为36人以上的样本数量最多，占所有调研样本班级总量的32.69%，这主要是由于班级规模较大导致的样本数量增多。相对而言，在本研究中26～30人的班级规模在班级样本中所占比例更大，为39%，可视为上海市义务教育阶段班级的一般规模。而基于对调查数据的分析，恰恰也证实，在26～30人的班级中学生的情感发展状态的标准

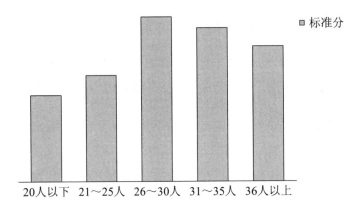

图 5 - 5 不同班级规模中学生情感发展状态示意图

分数是最高的，但在这个班级规模中学生的情感发展状态的标准差也是最大的，表明此数据集的离散程度较高。

通过图 5 - 6 也可以直观地看出，学生情感发展与班级规模之间呈现倒 U 字形，也就是说义务教育阶段学生情感在某一班级内的发展符合规模经济的一般规律。如果将班级作为一个生产厂商，将教育的经费、师资等看作生产投入，将学生情感发展看作生产收益，义务教育阶段学生情感在某一班级内的发展符合规模经济的一般规律。也就是说，学生情感发展这一教育收益会由于班级规模的变大而首先呈现扩大的趋势，这一阶段可以看作班级的规模经济状态；而后随着班级规模扩展到一定水平之后，学生情感发展这一教育收益会逐渐下降，这可以看作班级规模的不经济状态。换言之，只有班级规模在一定的区间范围内，才能更加有利于学生的情感发展，班级规模不是越大越好，当然也不是越小越好。

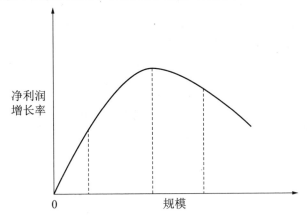

图 5 - 6 厂商规模经济效应图

四、中部地区不同班级规模中学生发展的分析

按照原有的计算方法，对中部地区调查问卷的有效数据进行处理，发现不同班级规模中的学生发展状态不同（见图5-7）。

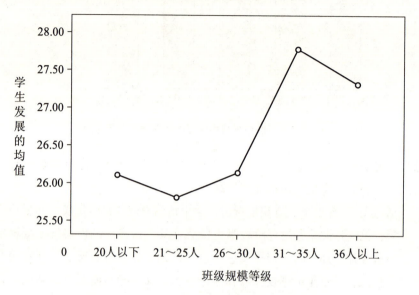

图5-7 中部地区不同班级规模的学生发展状况

由图5-7可知，31～35人的班级规模最有利于学生发展。20人以下和26～30人的学生发展的均值差异不大，而31～35人与26～30人的班级规模对应的学生发展的均值，形成了鲜明的对比。班级人数保持中上等最优，不容忽视的是，朋辈文化虽然能引导学生的发展，但是消极的朋辈文化如果过于强大，则也会对学生的发展产生负面的导向作用。

由东部地区班级规模分析总结可知，东部地区的26～30人的班级规模可视为上海市义务教育阶段的班级一般规模，也是最有利于学生情感发展的班级规模。东中部之间的班级规模对学生发展影响的不同，一方面表现了中部东部地区人口分布上存在固有的差异，另一方面体现了中部东部地区的义务教育的水平的高低：作为教育相对发达的东部地区的班级规模更符合学生内在要求，更适合学生的发展。

第六节　讨论与总结

一、研究结论

借助于标准分的量化手段，本研究在第五节中分析了义务教育阶段不同班级规模区间范围中学生情感发展的状态，分别对不同班级规模中的学生情感发展的总体情况进行了表述。纵观本研究的研究过程，首先在文献研究与历史分析的基础上，制定了学生情感发展的 3 个维度及其 8 个细化指标；然后以此为依据编制相应的调查问卷与访谈提纲，并进行了 3 个样本区 6 所义务教育学校的实地调研；在调研获得的数据的基础上，分析了班级规模与学生情感发展的相关性及显著性水平，也分析了在不同班级规模中学生情感发展的实际状态。

综合上述研究，本研究总共得出了 3 大结论。

① 总体看来，如果将班级作为一个生产厂商，将教育的经费、师资等看作生产投入，将学生情感发展看作生产收益，义务教育阶段学生情感在某一班级内的发展符合规模经济的一般规律。即班级规模由最初很小开始越大时，学生情感发展状态也随之越好；班级规模继续扩大到一个区间时，学生情感发展状态也达到最佳；随后班级规模越大，学生情感发展状态反而越差。

② 总体上说，班级规模与学生情感发展存在相关性，但是对于学生情感发展的不同指标来说，班级规模与部分指标呈现正相关，与部分指标呈现负相关，与部分指标不相关。

③ 通过对上海市 3 个样本区 6 所义务教育学校的实地调查结果，可以发现，26 ～ 30 人的义务教育班级在上海市处于班级规模的一般水平；同时，通过对学生情感发展调查的数据分析，可以看到，在 26 ～ 30 人的班级规模中的学生情感发展状态更佳。

二、建议

根据本研究第三章和第四章分析得出的结论，学校和教育主管部门作为义务教育的主要管理者应该采取相应措施，充分发挥各自的作用，使学生情感发展达到最佳状态，并为推进学生全面发展，实现新课程中的培养学生"情感态度价值观"的政策制定提供可参考的依据。

（一）学校管理者

1. 重视适度班级规模，纳入教学管理视野

以往尽管有许多研究多次反复证明班级规模对教师、学生以及班级管理影响，但是在具体的义务教育教育实践一线，一方面，部分学校管理者认为班级规模就是天然决定的，并没有充分认识到班级规模是怎样在潜移默化中作用于学校的教学管理的。另一方面，也有部分学校管理者认识到了班级规模对于学校教学管理等的重要作用，但是一味地认为班级规模应该越小越好，没有意识到班级规模应该保持在一定的合理区间范围内才能有利于教师和学生的发展。

因此，学校管理者应该重视班级规模在学校发展中可能起到的重要作用，尝试构建适合与本校实际的适度班级规模，大力发掘班级规模这一学习资源，全面提高学生发展。

2. 根据招生计划，合理调整班级人数

一方面，上海市一直是我国经济社会发展水平最高的城市之一，根据城市发展的一般规律，随着城市经济水平的不断提高，往往人口的自然增长率将会呈现不断下降的趋势，甚至开始出现负增长的现象。据《2008 年上海人口概况》：上海市户籍人口自然增长率连续 16 年持续为负，上海市户籍人口 2007 年出生 90670 人，出生率为 6.99%；死亡 100700 人，死亡率为 7.73%；自然增长率为负 0.74%。从这一角度看，上海市适龄入学人口将会不断减少，部分学校生源将会出现不足。另一方面，上海市又是我国外来人口最多的城市之一，根据上海市统计局公布的第六次全国人口普查资料表明，截至 2010 年 10 月 31 日，上海市外来常住人口总量已猛增至 897.7 万人，比"五普"增加 591.96 万人，增幅 193.6%。这样看来，上海市的义务教育承受着外来务工人员子女入学的巨大压力，并且这一部分人群具有极强的流动性，呈现不稳定状态。综合两个方面，在义务教育阶段，生源数量处于缓慢、持续减少的态势中，并且非上海市生源成为部分学校的主要生源。

正如本研究在调研阶段，Y 中学的 W 校长的学校就提及了学校在这一方面的问题：2010 年度入学的新生中，有 63% 的学生为非上海市户籍学生，这一比例比上一年度提高了 6%，上海市生源与非上海市生源的比例差越来越大；2010 年度的毕业班中，有一个班仅剩有 15 名学生，最重要的，甚至是说唯一的原因就是此班有 17 名非上海市生源学生提前回到生源地准备参加中考。

学校生源数量的客观减少是社会经济发展的必然结果，是学校无法改变的事实，那么即使招生规模减小，学校管理者应该具有一定的超前预测分析能力，根据生源的波动情况，合理调整与安排班级人数。同时，学校管理者应该考虑到非上海市生源日益增多的客观情况，在编班时，合理协调班级内上海市生源与非上海市生源，尽可能地避免类似于 Y 中学现象的大范围出现。班级是学生日常学习和生活的主要场所，班级规模会影响到学生的全面发展，作为学校管理者应该要清楚地认识到此方面的问题，班级规模过大或过小都会不利于学生的情感发展。

3. 重视学生情感发展，相应配置班级资源

尽管关注学生全面发展，重视学生"情感态度价值观"培养的教育目标已经提出多年，并且为学界津津乐道，但是我们却发现，在很大的程度上，这些说法更多的是一种口号。在访谈调查过程中，样本学校的教师普遍反映目前教师评价方式依然相对单一，大多仍与学生的学业成绩和升学率挂钩。通过学校的教师评价方式就可以看出，目前学校对学生的关注点还是集中在学生的学业成绩上。所以，重视学生情感发展，需要有与之相配合的各类配套措施，通过本研究结论可以说明，合理配置班级资源，通过对班级规模的适度调整，可以作为促进学生情感发展的一个切入口。当然，重视学生情感发展，使之不再是一个空洞的口号，还需要有相应的教师与学生的评价方式、评价标准和评价手段。

（二）教育主管部门

1. 结合本区教育现状，合理规范班级规模

教育管理部门作为我国教育发展的决策人与推动者，应该肩负起规范和指导班级适度规模的责任。目前，可以看到的现行文件中，仅能找到教育部、建设部联合国家计委在 2002 年发布的《城市普通中小学校校舍建设标准》中对班级规模有指导性规定，义务教育阶段（小学和初中）"每班人数 50 人"。首先，已经 10 年过去了，该文件究竟还有多大的指导意义呢？因此，教育管理部门应该依据我国社会经济的发展情况，适时地调整、更新相关指导性文件，使得学校有章可循。其次，我国地区间经济发展不平衡导致教育均衡化程度相对较低，如果仅仅是全国"一碗水"的方式去规定班级人数显然是不科学的。最后，"每班人数 50 人"的规定说明了班级规模的上限，但通过研究发现，班级规模也并非越小越好。它是符合一般规模经济存在规律的，是具有适度区间的，所以教育管理部门应综合把握，全面考量，摒弃班级"越小越好"的认识，树立"适度班级规

模"理念。

2. 加强班级规模研究，推进班级规模适度化

要更好地知道适度班级规模就应该加强班级规模的相关研究，使理论与实践紧密结合。国外对班级规模相关的研究已经比较深入，甚至提出了一系列与之相适应的新理论，这对于我国的班级规模研究具有极强的指导作用；我国也有大量的研究引进了西方的前沿研究成果，在理论层面上进行了思辩性的研究。但是，班级规模作为教育资源配置的一个重要指标，决定了它是与一个国家的资源状态密切相关的，必须在充分考量社会现实的层面展开。因此，教育管理部门应该推动加强实践领域的适度班级规模的研究，解决义务教育学校所面临的重要实践问题。

3. 构建班级适度规模，实现教育均衡发展

公共服务均等化是解决民生问题的一大重要举措，在教育领域，教育均衡发展和教育公共服务均等化也同样是我国教育改革的一大重要目标。既然可以在班级层面上尝试通过构建适度的班级规模，优化教育资源配置，促进学生发展，那么教育管理部门可以选择义务教育班级适度规模作为实践探索的切入口，探索在义务教育均衡发展和基本公共教育服务均等化的背景下，班级这一教育管理微观领域的均衡发展之路。

三、不足之处

有关班级规模方面的研究并不罕见，但就义务教育学校班级规模与某一群体具体方面的指标进行相关性分析，从而尝试探索有利于群体发展的义务教育阶段班级适度规模的研究相对还是比较少见的。在一定程度上，就本研究的切入点义务教育班级规模与学生情感发展的相关性研究，可以说是一次创新性的尝试。目前学界的大多数研究者开始关注通过某些具体指标，采用经济学的分析方法确定义务教育阶段班级适度规模，并相应地通过研究结论，为班级中的主要利益群体的发展探索一个新的途径。但是，由于研究者自身在相关领域的理论知识不够深厚、知识体系不够完整，研究视野不够开阔，使本研究不可避免地存在一些不足，同时由于一般实证研究中研究范围的局限性，本研究结论具有一定的局限性，不具有推广意义。

① 学生情感发展必然受到众多因素的影响，在进行班级规模与学生情感发展的相关性分析时，本研究在调查问卷设计的初始阶段和数据处理、分析阶段已经尽量通过各种可能对其他各种因素加以处理和控制，以减少

对分析结果的影响，但是依然会有部分因素无法完全剔除。由于本研究以规模经济理论为基础，假设在教育技术水平不变的前提下展开研究，所以忽略了一些客观因素影响。

② 本研究尝试在学生情感发展的表现方面进行指标化，并且在调查问卷的设问中尽可能地涵盖所有的方面，因此，对后期的数据处理、分析带来更大的工作量和一定的难度。由于研究者的个人研究水平的局限性，只能通过基本统计描述和标准分的计算，基本反映出学生情感发展的整体状态，尝试保留了原有变量的大部分信息，因此计算的变量得分结果与真实结果存在一定的偏差。

③ 因为学生情感发展是一个主观性极强的研究内容，大部分指标的精确的数值定义只是一种理想状况中在理论层面上的分析，加之使用标准分数多次换算，学生情感发展状态的分数有误差。

④ 由于研究的时间和精力有限以及实证研究的一般特性，本研究尽管已经尝试选取典型样本，扩大样本数量，以此稀释某些特定因素的影响，但是因为不同地区的不同学校所处环境的差异，学生情感发展研究的指标与调查问卷设计则要作出适当的调整，故本研究结论的普适性有限，无法将结论毫无限制地推广使用，本研究的开展更多的是一种理论层面结合样本实际的全新尝试。

第六章 班级规模对于教师工作效率发展的影响分析

2010年，我国"十二五规划"中以"促进公平、提高质量"作为教育改革的目标。《十二五规划》要求加强教育公平，也强调提高教育质量。师资是凝结在教师身上的无形资源。合理分配教师资源有利于学生获得更加平等优质的教育资源；而班级规模也深刻地影响着教育资源的配置。因此，在一个班级中，班级规模和教师工作效率均影响着学生能否获得教育资源，关系到能否达成教育公平和提高教育质量。

本研究从规模经济理论出发，对上海市3所初中的班级规模和教师工作效率进行调查。教师工作效率受到诸多因素的影响，但无外乎两类：内部因素（教师性别、年龄、学历等背景因素）和外部因素（生源、班级、学校等因素）。通过查阅相关文献，发现班级规模与教师的工作具有相关性，因此本研究在外部因素中选取了班级规模。在众多内部因素中，本研究采用因子分析法，析出影响教师工作效率主要的内部因素，并将各种影响因素分别与教师工作效率进行相关性论证，从而测算各种班级规模下教师工作效率最佳时教师背景需符合的条件。

本研究采用文献分析法、问卷及访谈调查法，选取中等水平的初中学校的班级和教师为研究对象，将班级规模分为6个范围：15人以下、16～20人、21～25人、26～30人、31～35人和36人以上，将教师工作产出分为教师工作的成就感、认可度、团队精神、师生关系等10个细化指标，教师工作投入分为教学管理负荷、班级管理负荷、专业发展负荷等5个细化指标。在研究过程上，本研究先进行教师工作效率及其影响因素的因子分析与相关分析，再测算各种班级规模下的教师总体的工作效率，最后测算各类教师分别在各种班级规模下的工作效率。

第一节　教师工作效率研究

工作效率一般是指工作的投入与产出之比，通俗地讲，就是在进行某个任务时，取得的成绩与所用时间、精力、金钱等的比值。教师工作描述的是公办普通初中的在编教师，在学校及与教育活动相关的特定环境中执行个人教学计划及学校要求完成任务的整个过程。本研究将教师工作的投入和产出分别界定为：教师在工作中所承担的各种工作的总量（包括学校安排的具体工作任务、教师为完善教学工作而主动承担的工作）；教师开展教学活动后所获个人感受及人际关系方面的成就。于是，本研究中将上述教师工作的投入和产出作对比，作为教师工作效率所指内容，也是其量化指标所指内容。

一、国外教师工作效率研究综述

在查阅了相关文献资料后发现，关于初中教师工作效率的文献相当稀少。加之，"效率"一词本身即表示两个因素相比较的结果。因此，本研究查阅了教师工作效率的两个影响因素——教师工作负荷和教师工作状态的相关文献资料，将研究资料进行整理、综述，提供一定的参考。

教师工作压力和负荷的问题在英国受到广泛关注。英国政府为减轻教师工作负荷、提高教育质量进行了大量调查研究，并制定了相应的政策。2001 年 6 月，英国工党在大选中获胜，并于连任后发表教育白皮书《学校：取得成功》（*Schools - Achieving Success*），称"教师是提高学校质量的最大贡献者"①，这在学校改革中起着举足轻重的作用。国际著名的财务咨询公司（Price Waterhouse Coppers，PWC）对英格兰和威尔士 100 多所学校以及许多国家与地方机构、一些重要的利益团体进行了大量实地考察、走访和研讨，最后形成《教师工作负荷研究最终报告》（后文简称为《报告》）。《报告》指出学校的工作负荷过重，20% 的时间花费在日常行政事务及与教学无关的事上，影响学校教育质量。《报告》得出六点结论：教师比从事其他职业的人员工作强度更大，校长比没有行政职务的教师每星

---

① Department for Education and Skills (DFES). 2001: Schools - achieving success (White Paper), Nottingham shire: The Stationery Office, September.

期工作时间更长；许多学校的教师感到工作中缺乏自主权，且教师做了很多可由其他员工完成的工作；政府推行学校改革的步伐过快，加重了学校负担；教师认为学生越来越难管理，家长对学校日益增长的期望也增加了教师的压力；学校领导的管理思想决定了教师工作负荷，而仅三分之一的校长视员工的工作负荷为己任；校长本身的工作负荷也很重，他们寻求改进学校的策略的同时要回应外在的建议与要求，优先考虑与地方或国家发展有关的方面要求①。也有研究表明，教师的辞职率呈上升趋势，而工作负荷是教师离开公立学校的最常见原因。辞职的教师中，58%的中学教师和74%的小学教师是因为工作负荷过重而辞职的。教师过重的工作量②（见表6－1）已经成为制约英国教育质量的瓶颈问题。

表6－1 英国教师工作强度表

职 业	一星期工作时间（小时）	全部假期时间（小时）	全年时间（包括假期加班）
初等学校			
校长	58.9	122.4	2420
教师	52.8	97.4	2157
中等学校			
校长	60.8	155.5	2527
教师	51.3	113.3	2114
特殊学校			
教师	51.2	130.8	2128
其他经理和专业人员			
经理	46.3	不详	2222
专业人员	44.0	不详	2112

对出现的各类问题，英国教育部出台了一系列措施，旨在减轻学校工作负荷，成立了两个机构：学校教师监督团体（School Teachers' Review Body，STRB）考虑是否能够为教师和校长提供时间保证；由教师、校长和

① Price Waterhouse Coppers（PWC）. Teacher Workload Study Final. Report（2001－12－05）[2002－09－01]. http://www.teachemet.gov.uk/docbank/index.cfm? id＝3165.

② Alan smiths, Pamela Robinson. *Teachers Leaving*. Liverpool, 2001.

助理以及地方当局官员及国家团体组建一个联盟，构成新的工作组，共同减轻教师工作负荷。STRB 经调研及论证后认为教师过重的工作负荷主要来源于非教学时间的增多。因此，为了保证教师和校长的时间，提出五点建议：尽可能地配备额外助理；可通过减少不必要的每小时班级教授时间与用于规划、备课、打分和记录的比率（PPMR）来缓解教师工作压力；PPMR 的时间应部分处于学生每周的在校时间内；教育部应逐步减少教师每周工作时间，由目前的 52 小时到 2 年后的 48 小时，最后减到 4 年后的 45 小时；解决缺席教师的替代问题。

国外学者对教师压力的研究主要采取调查研究法。他们在调查的基础上，对相关数据进行分析，进而了解教师压力的真实情况，再深入追寻引起教师压力的因素，并对此提出相应对策。

国外大量的调查表明，教师职业确实负有高压。胡伯尔曼（Huberman）对 160 名瑞典高中教师进行调查，分析不同教龄的教师如何看待各自的工作、生活方式，并确认了教师职业发展中的几个关键阶段。研究表明，大多数教师在职业发展中经历自我怀疑、情形和重新评估的过程。在他的报告中，被引用的教师离职原因中，最普遍的是疲劳、精神紧张、沮丧、损耗、适应学生困难、人性弱点和例行公事[1]。

至于教师压力的来源，研究表明压力主要来自：学生缺乏积极性、维持纪律、时间紧张、处理变化、被他人评价、处理同事关系、地位、不确定性等。虽然此类研究能体现教师压力的普遍来源，但不能忽视教师的个性。另外，国家教育系统各有特征，因此不同国家教师压力主要来源不同；教师个性不同，学校环境和社会对教师的态度、价值观不同，不同学校教师压力来源也不同。陈（Chan）和惠（Hui）将我国香港 415 名中学教师作为被试，进行了工作压力来源研究。以往关于香港教师压力来源的研究表明压力的主要来源之一是超负荷工作，许多教师在学校指导工作中承担着额外的任务。但他们也发现，有指导性工作任务的教师有较高的工作负荷，却没有高强度的压力，而且他们比没有指导性任务的教师具有更多的自我表现成就感。研究表明，即使在感觉超负荷的情况下，在有价值的工作领域中承担额外的任

---

① Dick, R. Van et al. 2001："Stress and Strain in Teaching：A Structural Equation Approach". *British Journal of Educational Psychology*, vol. 71.

务不会产生更多的压力，或许还能真正提高工作满意度①。

　　研究者从教师本身、学校以及社会等方面出发，提出了解决教师职业压力问题的对策。其中，常用的策略有：恰当地处理问题，避免对抗；工作后尽量放松；控制情感；对特别的工作给予更多时间；有一个健康的家庭生活；提前打算和优先解决问题；认识自己的不足②。格里菲斯（Griffith）对伦敦780 名小学和中学教师开展了一项调查，数据表明，社会支持和有效处理行为的使用都会影响教师对压力的感觉③。

　　国外对教师工作状态的研究起步不晚，并多见于对教师士气、教师工作倦怠、教师职业认同以及教师工作满意度的研究。纵观 20 世纪 80 年代以来美国教师工作士气方面的研究文献可以发现，从研究视角来看，超越管理学的视角，开始重视从心理学、社会学和跨文化方面进行系统而全面的研究，并激励教师的工作士气；从研究内容看，教育人员已经意识到能够帮助教师增强教学效能感的措施对提升教师教学士气是至关重要的。美国学者门德尔（Mendel）研究发现，教师工作士气对学生的学习、组织的发展和教师的健康具有深远的影响；艾伦伯格（Ellenberg）的研究也发现，教师士气高昂的学校，学生学业成绩就不断增长。士气一般认为应包含四个基本层面：需求满足、工作投入、组织认同和团队精神。弗莱斯（Frase）提出工作情境因素（教学环境）和工作内容因素（教学）两个因素影响教师有效工作，减小班级规模正是改变工作情境因素的措施之一。"职业倦怠"由弗鲁顿伯格（Freudenberger）于 1974 年首次提出。国外对该问题的研究大致经历三阶段：开创阶段（学者从不同角度描述职业倦怠的原因和结果）；实证研究阶段（Mashlach Burnout Inventory，即 MBI，工作倦怠问卷产生、发展）；最新进展研究阶段（研究关注工作因素这一变量）。教师工作倦怠主要从临床视角、社会心理视角、社会历史视角以及组织视角进行研究。临床视角代表人物弗鲁顿伯格认为工作倦怠是工作强度过高并且无视个人需要所引起的疲惫不堪的状态；社会心理视角代表人物玛勒诗（Maslach）和杰克逊（Jackson）认为工作倦怠有情感耗竭、非人性化和低个人成就感三个主要特征；社会历史视角代表人物萨若森（Sarason）强调工作倦怠的社会影响，而不是个人或组

---

① Chan, D. W. et al, 1995："Burnout and Soping among Chinese Secondary School Teachers in HongKong"，*British Journal of Educational Psychology*，vol. 65.

② Cockbum A. D. 1996 "Primary Teachers Knowledge and acquisition of Stress Relieving Strategies" *British Journal of Educational Psychology*，vol. 55.

③ Griffith J. 1999："An Investigation of Coping Strategies Associated with Job Stress in Teachers"，*British Journal of Educational Psychology*，vol. 69.

织的作用；组织视角代表人物奎内思（Cherniss）认为导致工作倦怠的原因主要是工作者的付出与所得不一致。研究发现，教师工作倦怠的影响因素分为微观、中观和宏观水平。国外对教师工作倦怠的研究方法较少，多为横向研究。此外，最早对教师压力的理论模式做出解释的凯瑞考（Kyriacou）和萨迪夫（Sutdiffe）与伯恩德·鲁道（Bernd Rudow）认为压力是一个过程，评价和应付工作需求是中心，个人特点、组织因素、日常生活都对这一过程有影响。沃若尔（Worralland）和梅（May）的模式部分扩展了上述模式。英国的彼得·伍兹（Peter Woods）从社会、历史、心理三个维度，微观（教师的传记和人的社会因素）、中观（制度的和其他中等范围的因素）、宏观（来自全球趋势和政府政策的更广大的力量）三个水平来研究教师工作倦怠。国外现有对教师职业认同的研究，可以分为三种：教师对职业认同特征的感知研究、有关教师职业认同的形成过程研究、对能够呈现出职业认同的教师的传记研究。教师对职业认同特征的感知的研究大部分集中在理解和描述教师对自己的职业认同各方面的总体认识、与他们职业的特殊方面相关的感知和那些能够丰富对这些主题的争辩的内容；有关教师职业认同的形成过程研究分为重点描述教师认同形成过程的研究，以及描述教师职业认同形成过程中个体和环境之间张力的研究；对能够呈现出职业认同的教师的传记研究中，教师的职业认同出现在他们讲述或写作的传记中。工作满意度的研究以霍伯克（Hoppock）1935年的工作满意度经典研究的发表为开端。多数工作满意度的研究包含的结构因素有社会及技术环境因素、自我实现因素和被人承认因素。

二、国内教师工作效率研究综述

国内对教师工作负荷状况的研究虽然比较少，但是这个问题已经引起国内外学者的关注。冯大鸣指出，我国中小学教师工作负荷过重的问题已存在，教师疲于应付社会期望和改革。彭卫忠对教师的工作负担进行了调查后指出：从工作量看，一年工作时间46周以上，教师工作量超负荷；从学校的管理制度看，升学率作为工作绩效评价的主要标准，学校中论资排辈、职称评聘"暗箱操作"的现象较为突出，教师参与学校的民主管理还不够充分；从教师的自身素质看，中学教师的整体素质不高，特别是教育教学、科研能力偏低；从教师的身心健康水平看，长期的超负荷工作量及巨大的精神压力使80%以上的教师处于不健康或亚健康状态①。

国内相当多的学者关注教师职业压力问题，他们主要从教师职业压力的现状、压力源及缓解压力的对策等方面进行了研究。有学者经过调查分析，50.8%的教师认为教师职业压力很大，7.6%认为压力太大。教师的职业压力源由人际关系、工作负担、学校管理、学生成绩、自我发展的需要、时间压力和教学条件7个因素构成。教师职业压力水平与心理健康水平的相关性显著，女教师的心理健康水平低于男教师。教师职业压力水平也与人格中的情绪稳定性的相关度非常高。还有学者经过分析认为工作负荷和学生因素是教师的主要压力源，这两种因素由教师职业特殊性所决定，在不同国家、不同民族教师共同拥有以上主要压力因素。考试压力是我国中小学教师特有的压力源。多地教育主管部门将考试成绩作为评价教师工作质量的唯一尺度，甚至将考试排名或升学率与教师的晋级、工资、奖金、住房等直接挂钩。考试结果将一方面直接影响到教师的生存，另一方面还影响到他们的荣誉和自尊。自我发展是当前教师面临的新的压力源。近几年，我国由应试教育向素质教育转轨、中小学课程改革，这些都要求教师不断更新教育教学观念。除此之外，社会地位低、工资福利欠佳也是教师的压力源之一。因此有学者专门研究如何缓解教师职业压力。陈德云在《教师压力分析及解决策略》一文中指出：从教师个体方面讲，要搞清楚压力根源；从学校方面讲，学校积极和谐的公共支持氛围也很重要；在评价制度方面，建议使用发展性教师评价制度，这对改善教师的生存状态，解决教师压力问题具有重要意义。

国内关于教师职业倦怠与工作满意度的研究较为常见。随着社会的发展与竞争的加剧，我国中小学教师所承受的职业压力与日俱增。朱从书与申继亮的研究均显示教师职业是最具压力的职业之一。赵玉芳、毕重增对中学教师职业倦怠状况的研究发现，中学教师的职业倦怠整体上并不严重，教龄6～10年是教师职业倦怠最严重的阶段，职称是影响教师职业倦怠的重要因素，性别、所在学校是否重点以及是否是班主任对教师职业倦怠没有显著影响。而刘晓明、邵海燕对中小学教师职业倦怠的现状分析表明，中小学教师已经感受到了职业倦怠的影响，其中，情绪衰竭现象达到了较为严重的程度；教龄不同的男女教师，职业倦怠的变化趋势明显不同；小学教师在低成就感上显著高于中学教师。至于教师满意度的研究，国内学

---

① 彭卫中：《山东省部分地区普通高中教师工作负担的调查分析》，济南，山东师范大学出版社，2001。

者对其结构的研究大多采用调查和统计分析方法（如因子分析方法），归纳出教师工作满意度量表的维度。其量表的维度主要集中在工作条件、工作强度、教育体制、社会环境和社会地位等方面。关于教师工作满意度影响因素的研究并不多见，已有研究中影响教师工作满意度的因素主要包括教师个人背景因素、组织氛围和领导行为、考试压力、社会参照、职业承诺、工作主动性等，采用的研究方法主要是相关分析、多元回归分析和结构方程模型。陈云英等人的对工作满意度的研究结果表明，女教师的工作满意度显著高于男教师。而冯伯麟对于北京市中学教师的调查结果正好相反。陈卫旗探讨了教师工作满意度与离职倾向和工作积极性的关系，其研究发现，中学教师对工作总体和教育体制、学生素质、领导与管理、工作成就、工作条件、工资福利待遇、工作压力等工作因素均感不满意；教师总体的工作满意度及对教育体制、收入与福利、领导与管理、教师社会地位及工作环境条件等方面的满意水平与教师的工作收入、留任都有密切的关联，外部奖励也可激励教师工作动机。关于中小学教师满意度的研究近年来又有上升趋势，如朱从书等人对湖北省荆州、沙市、京山、监利等县市中小学教师的抽样调查，张忠山对上海市小学教师工作满意度的研究，王祖利对山东威海市部分初中专任教师的工作满意度调查，等等。此外，孙汉银、李虹、林崇德采用"明尼苏达满意度问卷（MSQ）"，对北京地区有代表性的 5 所中学 557 名教师的工作满意度状况进行了调查，结果表明，中学教师对工作总体上是满意的；人口统计学变量中的年龄、学历、职称、职务等在工作满意度具有显著的差异，但是性别因素的差异不大。

三、国内外教师工作效率研究述评

关于教师工作效率的研究，国内研究主要使用了调查研究的方法进行现状测量，集中在教师负荷、教师职业压力和教师职业倦怠、工作满意度的调查，通过现状受到启发、提出建议。国内缺乏对教师工作负荷的理论研究和测量方法的开发。至于针对教师工作负荷和工作状态的群体研究，有不少学者选择了班主任，而缺少对一般任课教师的研究。以往从班级规模角度研究教师工作负荷或工作状态的研究几乎没有，因此这也成为本研究开展的更为重要的原因，期望为众多研究开创全新的思路。义务教育在我国处于教育的基石地位，因此有必要进一步关注教师工作效率。班级规模作为工作环境因素，是影响教师工作的因素之一。

本研究将对上海市小班教育改革以来的举措及其实施效果进行总结与评价。以班级的视角审视教师的工作效率，一方面试图开拓教师绩效评价的一种思路，另一方面也寻求了教师工作效率最佳情况下的班级适度规模。对学校管理者而言，可综合考虑学校的办学理念和宗旨，选择合适的班级规模以达到最佳的教学效果和教师最佳的工作效果，从而为学校教师队伍建设提出合理建议，推进学校教育教学改革，完善教师工作评价制度，促进学校整体改革的开展。本研究通过深究班级规模与教师工作效率的相关性，以期提出有助于学校教学质量保证、教育改革推进的对策。

第二节　研究设计

一、研究目标

本研究试图从规模经济理论出发，以微观视角深入学校班级。通过对上海市 3 所初中和中部地区两所小学的班级规模和教师工作效率调查，初步论证班级规模与教师工作效率（即教师工作的投入－产出）的相关性，并由此确定不同班级规模下的教师工作效率，测算出能使各类教师工作效率最高时合适的班级规模。最后由微观回到中观层面，通过调查结果对学校管理者在保证教育质量的前提下，就如何提高教师工作绩效提供可参考的依据，同时以期对班级适度规模的构建以及教师绩效评价政策的制定在宏观层面起到铺垫的作用。

二、研究假设

本研究的开展立足于以下假设。

一是，在本研究的调研开展阶段，取样学校的教育技术水平不变，即学校教师的教学方法、教学条件等外在条件未发生改变，也就是学校的教育教学水平保持不变。

二是，教师工作效率会受到多种因素影响，而本研究不考虑教师个人性格、品质等教师主观因素对工作效率的影响，同时忽略一些教师外部因素对其工作效率的影响，如学校生源、学校声誉、学校类型等。本研究在影响教师工作效率的教师内外部因素中，只选取了教师内部的客观因素（或背景因素），如教师性别、年龄、学历、职称等 8 个因素，以及教师外部因素中的班级规模。

三是，将教师日常工作负荷，作为教师投入的成本，即时间成本；将教师日常工作的状态作为教师产出的表现，并将其赋值量化，得到教师所获产出；将教师日常工作状态与教师日常工作时间作对比，得出教师工作的投入、产出之比，即教师工作效率。

四是，班级规模与教师工作效率相关性可能显著，且班级规模与教师工作效率可能呈线性相关关系。

五是，性别、年龄、教龄、学历、职称、是否担任班主任、执教科目、执教班级数量可能与教师工作效率存在显著相关，但其中部分因素可提取共同因子。

三、研究内容

本研究包括以下内容。

一是，通过文献的搜集、整理，了解我国各地尤其是上海地区实行小班化教学改革以来，采取的主要改革政策及措施、实施成效的相关资料，了解目前国内外关于学校及班级规模，教师工作负荷及状态的研究理论、研究方法和研究成果，尤其关注国内外一些因素与教师工作负荷或工作状态的相关性研究，以及学校、班级规模与学生、教师的相关性研究。

二是，对以往研究结论进行总结，借鉴其研究方法，总结其研究中仍存在的不足，对其不足在本研究开展过程中加以避免，或加以改进。

三是，选择上海市3所初中学校中的120个样本教师（各类学校分别为40个样本）及中部两所小学的30位教师，对其进行调研，通过向任课教师发放问卷、进行访谈等方法了解其目前执教的班级规模和在现有教学背景、教学方法下的工作负荷、工作状态。

四是，将教师工作负荷（工作时间）分为两个维度（内部负荷和外部负荷），细化为5个指标：教学管理负荷、班级管理负荷、专业发展负荷、学校及上级管理负荷、家长及社会监督负荷，通过各指标分别进行调查，掌握教师工作负荷总体的情况。

五是，将教师工作状态细分为教师工作士气和师生关系2个二级指标，下含教师工作的成就感、认可度、团队精神、对师生关系的认识及表现等10个三级指标，通过各指标分别进行调查，掌握教师工作状态总体的情况。

六是，根据调研数据，分析班级规模及部分教师内部因素与教师工作状态/教师工作负荷的相关性，并通过因子分析，在内部因素中提取影响教师工作效率的共同因子，达到降维目的。

七是，在以上数据分析的基础上，测算出不同班级规模下最佳的教师工作效率（即教师工作状态/教师工作负荷），进一步测算出在不同班级规模下和不同因素作用下的教师工作效率，得出不同类型教师所合适的班级规模。

四、研究思路和流程

本研究的思路为以下几个步骤。

（一）研究思路

一是，通过资料分析的方法，收集、分析、整理我国各地区实行小班化教学改革所采取措施、实施成效，以及国内外以往对于学校与班级规模、教师工作负荷与工作状态研究的理论依据、研究成果和研究方法等。

二是，通过资料分析及问卷调查的方法，借鉴以往国内外研究中班级规模测量方法与划分标准，对调研学校初步了解，以掌握班级规模的现实情况，最终确定班级规模的划分界限。

三是，通过问卷调查和访谈调研相结合的方法，将教师工作负荷分为5个二级指标进行调查，将教师工作状态分为10个三级指标进行调查，以各指标分析得出教师工作效率。

四是，通过问卷调查和访谈调研相结合的方法，将教师性别、年龄、学历与班级规模等影响因素与教师工作效率进行回归分析，分析各因素与教师工作效率的相关性，证明班级规模与教师工作效率的相关性显著且相关较大。

五是，对教师工作效率影响因素进行相关性检验，以检验各影响因素间的多重共线性。

六是，运用因子分析法，在影响教师工作效率的内部因素中提取共同因子，降低维度方便下一步分析开展。

七是，测算不同班级规模的教师工作效率，以及在各类班级规模和其他因素共同作用下的教师工作效率，选取其中不同班级规模时有助于教师工作效率达到最佳时的条件。

八是，总结适合不同类型教师教学的班级规模和不同班级规模应配备的教师条件，并对此站在学校管理者的角度提出建议。

（二）研究流程

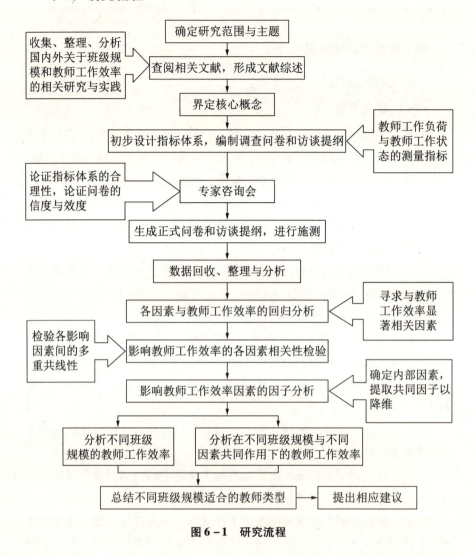

图 6–1　研究流程

第三节　教师工作效率影响因素分析

由于工作效率是指投入、产出两者之比，本研究在调研阶段便将教师工作效率分为教师工作负荷和教师工作状态两个方面，将其作为教师工作效率的投入和产出所指代的内容，分别进行调研。

教师工作负荷的问题选项依据时间负荷大小赋值，工作时间越久赋值越大，休息时间越久赋值越小，以 1~7（含两端）的连续的 7 个自然数作为对应选项的所赋数值；教师工作状态的问题选项采用四级量表的形式，每题设置 4 个选项，"非常同意"得 4 分、"同意"得 3 分、"不同意"得 2 分、"非常不同意"得 1 分。将每个教师样本的投入和产出的分数分别进行求和、平均值的计算。为将每个教师样本的分数进行区别，反映出每一个分数距离平均数的相对标准距离。本研究在数据分析时采取了求标准分数的方法，用统一的方式表现投入和产出的分数。最后，将教师工作负荷与教师工作状态所得标准分数作对比（即教师工作的投入－产出），再取绝对值。投入或产出分数的正负只表示分数与平均值的差距，不代表样本得分本身的质量，因此作对比、取绝对值最终的分数，在本研究中就指教师工作效率。

本研究将着重分析 9 个变量（或影响因素）与教师工作效率的相关关系。这 9 个变量分别是：性别、年龄、教龄、学历、职称、是否班主任、执教科目、执教班级数量、执教班级规模。9 个变量对下一步讨论不同因素下的教师工作效率带来了不小的工作量，因此在本部分也将对 9 个变量提取共同因子，降低分析的维度。

本章按内容分，主要有以下三部分，即一是教师工作效率与各影响因素的回归分析，二是教师工作效率的各影响因素间相关性检验，三是教师工作效率各内部影响因素的因子分析。

一、教师工作效率与影响因素的相关性分析

（一）教师工作效率与影响因素的回归分析

回归分析（regression analysis）是确定两种或两种以上变数间相互依赖的定量关系的一种统计分析方法。本研究试图确定教师工作效率和各影响因素之间是否存在相关性、相关的方向和密切程度又如何，而回归分析正是分析了因素与结果之间相关的具体形式，并用数学模型表现了其具体的因果关系。根据本研究的预测目标，按以下步骤进行回归分析。

1. 确定自变量和因变量

本研究试图探索教师工作效率与其各项影响因素的相关关系，那么教师工作效率应作为因变量，各相关因素就是自变量。通过阅读以往研究文献，对于教师工作负荷和压力的研究多将学生考试、组织氛围与管理体制作为影响因素。本研究规避与教师性格有关的变量，而采取性别、年龄、教龄、学历、职称等教师个人背景的人口统计学变量，带有较强的客观性，

在测量中较好把握。它们与样本教师所执教班级的有关因素共同作为教师工作效率的影响因素，使本研究既不脱离常规，又开辟出将班级作为因变量的特色来。

2. 建立回归预测模型

本研究将教师工作效率作为因变量，影响教师工作效率的各相关因素作为自变量，假定两者之间存在因果关系，建立线性回归方程模型，即回归分析预测模型，进一步确定两者间的相关关系并测量相关性。本研究设定教师工作效率为因变量 Y，影响教师工作效率的各相关因素如性别、年龄、教龄分别为自变量 X_1，X_2，X_3，…所建立回归模型如下：

Y（教师产出／投入）＝β_0（常量）＋$\beta_1 X_1$（性别）＋$\beta_2 X_2$（年龄）＋$\beta_3 X_3$（教龄）＋…

3. 进行相关分析及检验

回归分析是对具有因果关系的影响因素（自变量）和预测对象（因变量）所进行的数理统计分析处理。只有当变量与因变量确实存在某种关系时，建立的回归方程才有意义。因此，作为自变量的因素与作为因变量的预测对象是否有关、相关程度如何，以及判断这种相关程度的把握性多大，就成为进行回归分析必须要解决的问题。进行相关分析，一般以相关系数的大小来判断自变量和因变量的相关的程度。

本研究在数据处理阶段的前期进行了一系列的基础工作：将回收样本问卷编号，将每份问卷的题目选择对应数值输入 Excel 表格中，分别计算出每份样本问卷的教师工作投入和产出的标准分数①，再将两个标准分数作对比，最后求绝对值。由于标准分数的正负仅表示此样本得分距离平均水平的差距，不代表教师是正投入负产出，或是负投入正产出，与教师投入产出本身的多寡无关，取绝对值也不会影响到数值表达的含义。

本研究教师投入－产出的比值，即指教师工作效率，比值越高表示教师工作效率越高，反之则教师工作效率越低。在完成所有数据整理的基础上，本研究将教师工作效率和 9 个可能相关的因素的数据一同录入 SPSS 17.0 中，再进行线性回归分析，得到结果。回归分析得到的结果不仅包含每个因素与因变量的相关系数（即相关的程度），还包含显著性检验，可

---

① 标准分数（standard score）也叫 z 分数（$z-$score），是一个分数与平均数的差再除以标准差的过程。用公式表示为：$z＝(x-\mu)/\sigma$。其中 x 为某一具体分数，μ 为平均数，σ 为标准差。z 值的量代表着原始分数和母体平均值之间的距离，是以标准差为单位计算。在原始分数低于平均值时 z 则为负数，反之则为正数。

以看出本研究抽样的样本对总体的代表性如何。若显著性 |Sig.| < 0.05，则表示样本显著；反之则样本不显著。回归分析将得到每个相关因素的样本显著性，有助于一次性得出抽样样本的每个相关因素对总体的代表性。

对于本研究建立的多元回归方程，需要进行显著性检验，以确认建立的数学模型是否很好地拟合了原始数据，即该回归方程是否有效。本研究采取了回归模型残差的正态性检验的方法，在 SPSS 17.0 的软件中进行了此项检验，并得出检验结果（见图6-2）。

因变量：投入产出

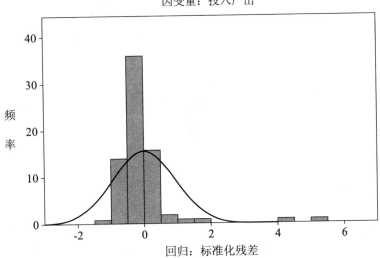

图6-2　直方图

从图6-2可见，观察标准化残差的直方图，可以看出样本的残差近似于正态分布。所谓残差，是指实验观察值与回归估计值的差。若实验点的标准化残差落在（-2，2）区间以外，可在95%置信度将其判为异常实验点，不参与回归线拟合。在本研究的所有样本中，有两个实验点落在了（-2，2）区间以外，不符合要求，在以下分析中将其剔除。整体来说，本次抽样所得的数据具备可靠性。

教师工作效率同时受到9个因素的共同影响，可能并不是每个因素都能够进入线性回归模型。本研究首先将所有变量全部引入回归方程，并对回归方程进行各种检验①，包括 t 检验和显著性检验，最终检验可能可以剔除到影响教师工作效率之外的因素（见表6-2）。

---

① 薛薇：《SPSS 统计分析方法及应用》，北京，电子工业出版社，2008。

表 6 - 2 系数

模　型	非标准化系数		标准系数		
	B	标准 误差	试用版	t	Sig.
（常量）	48.986	28.331		1.729	.089
性别	-.038	6.974	-.001	-.005	.996
年龄	7.363	6.489	.256	2.135	.041
教龄	6.921	5.108	.223	1.002	.319
学历	7.100	7.492	.129	.948	.347
职称	6.862	4.108	.107	.697	.489
是否担任班主任	-5.453	5.003	-.210	-.890	.377
执教科目	1.987	1.889	.177	1.052	.297
执教班级数量	.366	3.147	.020	.116	.908
执教班级规模	4.163	1.893	.270	2.199	.032

说明：因变量为教师工作效率。

表 6 - 2 的分析结果显示，t 检验值由低到高排序前三分别是性别、执教班级数量、职称三个因素，而这三个因素中性别和执教班级数量两者的显著性检验值较接近 1，它们属于不显著的因素，基本上可以将其从影响教师工作效率的 9 个相关因素中剔除。t 检验值由高到低排序前三的分别是执教班级的规模、年龄和执教科目三个因素，但这三个因素中只有执教班级规模和年龄显著（显著性检验值 | Sig. | < 0.05），执教科目的显著性检验值大于 0.1，说明本研究中抽样教师的执教科目和教师工作效率的相关性不具有代表性，无法推及总体教师。从表 6 - 2 的标准系数中不难看出，在本研究的 9 个对教师工作效率产生影响的因素中，执教班级规模在本研究回归模型中相关系数的绝对值最大，基本可确认执教班级规模是影响教师工作效率的主要因素。

值得注意的是，执教班级规模的相关系数为 0.270，说明班级规模与教师的工作效率是正相关的。也就是说，本研究设定的班级规模范围中，班级规模越大，教师的工作效率越高；班级规模越小，教师工作的产出 - 投入越高，工作效率越低。

（二）教师工作效率的影响因素间相关性检验

在研究问题时，往往希望尽可能多地收集相关变量，希望能对问题有比较全面、完整的把握和认识。虽然更多的变量能够较为全面精确地描述事物，但这些变量未必能真正发挥预期的作用。这些变量之间通常会或多或少地存在相关性。本研究共 9 个变量，在进行回归分析时，也可能隐藏着变量之间存在多重共线性的问题，即变量之间存在线性相关关系。

若变量间存在高度的多重共线性，那么会给回归方程的参数估计带来许多麻烦，致使回归方程参数不准确甚至模型不可用。

至此，即使在上一步的回归分析（见表6-2），已对每个因素的 t 检验值和相关系数大小进行分析，也可初步剔除2个变量因素，但本部分作为回归分析的验证步骤，仍然需要对9个变量因素都进行相关性检验，检验参与回归分析的所有因素相互间是否存在着线性相关关系。只有排除变量因素间的多重共线性，才能保证上一步回归分析后取得的相关系数有效，证明这个相关系数是相对独立而可信的，没有掺杂因素间的交互作用。

在检验变量的多重共线性问题时，这里采用了方差膨胀因子（VIF）[1]作为测量工具。

1. 变量间的多重共线性检验——方差膨胀因子（VIF）

首先，将整理的所有问卷原始数据录入 SPSS 17.0 软件中，与上步相同，仍然进行回归分析，选择共线性诊断，得出的结果如表6-3所示。

观察表6-3，教师执教班级规模的共线性统计值 VIF 只有1.201，在所有因素中处于共线性较弱的地位。这就足以证明执教班级规模与教师个人背景相关的其他因素，如性别、年龄、学历之间不存在较强的线性相关，那么回归分析得到的执教班级规模的相关系数0.270则可视为较为独立地在对教师工作效率产生影响，而不受其他因素的影响（见表6-3）。

表6-3　变量间的多重共线性检验

模　型	共线性统计量 VIF
性别	1.136
年龄	5.158
教龄	4.859
学历	1.351
职称	1.588
是否担任班主任	1.154
执教科目	2.151
执教班级数量	2.388
执教班级规模	1.201

说明：因变量为工作效率。

---

[1]　方差膨胀因子（Variance Inflation Factor，VIF）：容忍度的倒数，VIF 越大，显示共线性越严重。当 VIF≤5，多重共线性不明显；当 VIF≥10，存在严重多重共线性。

除此之外，纵观表6-3数据，性别这一因素与其他因素的共线性也是较差的，VIF只有1.136；但教师的年龄和教龄两者之间存在的共线性较强，VIF值分别达到了5.158和4.859，都接近于临界值5，说明年龄和教龄之间相同的因素很多，对教师工作效率产生作用的方向也是一致的。它们的回归相关系数则无法精确地表达各自分别与教师工作效率的相关性。

2. 小结

此部分展开时的顾虑已被数据加以证明并打消。教师执教班级规模这一因素，可以看作所有可能影响教师工作效率的因素中，较为独立但相关性较大的因素。它与教师的工作效率呈正相关，即在本研究设定的班级规模范围中，班级规模越大教师工作效率反而越高。这一点似乎与格拉斯（G. V. Glass）和史密斯（Mary L. Smith）的有关小班中人员的态度、感受和教学研究的结论不符。他们的研究结论是：在小班中，教师的士气更好、更喜爱学生，有时间进行教学计划；学生也对教师的工作表现更为满意①。当然，他们在结论后附加说明了得出这种结论的可能情况，教师的士气可能与他本人的性格有关，性情外向、乐观的教师可能工作表现更佳。他们对自己的结论也无法真正弄清原因，他们的研究只能说明班额小，对教学、对学生和各种结果的产生都有影响。

本研究探讨的是班级规模与教师工作效率的相关性，工作效率不同于教师的士气、感受。它是一个综合的、相对的、更为客观的指标，既包含教师的工作状态，也包含教师的工作负荷。即使教师的工作状态处于佳境，士气等指标也很好，一旦教师的工作负荷很大，说明教师获得佳境的投入成本较高，工作效率便不高。因此，在考量教师的工作成果时，应同时纳入获得工作成果所投入的成本，效率高时获得的工作成果更值得获得表彰或更值得宣扬。这是站在以往研究基础上的一个进步，也是本研究所努力的创新之一。

二、教师工作效率影响因素的因子分析

在此，首先需要说明一点：在第三章第三节进行回归分析时，通过 t 检验，已基本将教师性别和执教班级的数量两个因素剔除在影响教师工作效率的因素之外；而在本章首先对教师工作效率影响的原有各变量因素间的相关性检验时，已确定班级规模这个因素对教师工作效率的影响是相对独立的，也是相关性较大的因素。适合进行因子分析的变量需要变量间具

---

① Glass, G. V. et al, 1982: *School class size*. Beverly Hills, CA: Sage Publications.

有较强的相关关系，班级规模这一变量显然不符合要求。因此，在进行因子分析的适合度检验前，本研究将教师性别、执教班级数量和执教班级规模这三个因素排除在因子分析之外。上一部分多重共线性的数据显示：教师的年龄和教龄共线性较强，那么所有剩余的 6 个因素的共线性究竟如何呢，是否都有降维的空间？这便是本部分探索的先决条件。

（一）变量因子分析的适合度检验

这里，首先将整理的所有问卷原始数据录入 SPSS 17.0 软件中，并把本研究中的影响教师工作效率的 6 个因素进行降维分析，采取因子分析的方式，借助变量的相关系数矩阵和巴特利特球度检验和 KMO 检验方法进行分析（见表 6 - 4）。

表 6 - 4　原有变量的相关系数矩阵

		年　龄	教　龄	学　历	职　称	是否担任班主任	执教科目
相关	年龄	1.000	.824	-.371	.431	.176	.011
	教龄	.824	1.000	-.362	.423	.112	-.046
	学历	-.371	-.362	1.000	.021	-.091	-.121
	职称	.431	.423	.021	1.000	-.007	-.131
	是否担任班主任	.176	.112	-.091	-.007	1.000	.249
	执教科目	.011	-.046	-.121	-.131	.249	1.000

从表 6 - 4 的原有变量相关系数矩阵可以看出，部分系数超过了 0.3，如教师的年龄和教龄、年龄和学历、年龄和职称、教龄和学历、教龄和职称。一般说来，如果相关矩阵中的大部分相关系数小于 0.3，则不适合做因子分析，即无法提取相关因子，也可说明这几个因素间的相关线性较弱。而相关系数超过 0.3 的相关因素则适于从中提取共同因子。因此，在本研究中，教师的年龄、教龄分别和教师的学历、职称有着相关关系。

KMO 检验统计量是用于比较变量间简单相关系数和偏相关系数的指标。它的取值在 0 和 1 之间，KMO 值越接近于 1，意味着变量间的相关性越强，原有变量越适合做因子分析；反之，KMO 值越接近于 0，则原有变量越不适合做因子分析（见表 6 - 5）。本研究中这 6 个变量的 KMO 值达到了 0.641，结合 Kaiser 给出的 KMO 度量标准，如果 KMO 值小于 0.5，就不宜进行因子分析，此处适合进行因子分析。再看巴特利特球度检验统计量的观测值为 118.955，其显著性水平小于 0.05，接近 0，应当拒绝零假设，即拒绝相关系数矩阵是一个单位矩阵，说明原始变量间有共同因子存在，所以适合使用因子分析。

表 6－5　KMO 和 Bartlett 的检验

	取样足够多的 Kaiser—Meyer—Olkin 度量	.641
Bartlett 的球形度检验	近似卡方	118.955
	df	45
	Sig.	.000

（二）提取因子

本研究在这里根据原有变量的相关系数矩阵，采用主成分分析法提取因子并选取特征根值大于 1 的特征根，并得出初始解（见表 6－6）。

表 6－6　因子分析的初始解

	初　始	提　取
年龄	1.000	.853
教龄	1.000	.839
学历	1.000	.698
职称	1.000	.732
是否担任班主任	1.000	.458
执教科目	1.000	.508

表 6－6 显示了所有变量的共同度数据。第二列在按指定提取条件下提取特征根时的共同度，可以看出，年龄、教龄、学历、职称的绝大部分信息（约 70% 以上）可以被因子解释，信息丢失较少，效果较好；而是否担任班主任、执教科目这两个变量仅 50% 左右的信息能被因子解释，本研究只适于提取 1 个共同因子。

在提取 2 个因子的基础上，进行了下一步操作，得到因子载荷矩阵（见表 6－7）。

表 6－7　因子载荷矩阵

	成　分	
	1	2
年龄	.823	-.011
教龄	.812	-.083

	成　分	
	1	2
职称	.678	− .445
学历	− .712	− .369
执教科目	.209	.773
是否担任班主任	.232	.636

说明：因子载荷矩阵中已提取了 2 个成分。

由表 6 - 7 可知，第 1 个因子对年龄、教龄、职称、学历的载荷较高，它们与第 1 个因子的相关程度高，第 2 个因子虽与执教科目、是否担任班主任的相关性较大，但这也只是相对于其他变量而言，根据上一步的结论本研究只适于提取 1 个共同因子，不适于再提取第 2 个因子。

（三）因子的命名解释

为使因子含义更为清晰，本研究采用方差最大法对因子载荷矩阵实施正交旋转变换以使因子具有命名解释性（见表 6 - 8）。

表 6 - 8　旋转后的因子载荷矩阵

	成　分	
	1	2
教龄	.810	.103
年龄	.806	.176
职称	.756	− .319
执教科目	− .148	.759
是否担任班主任	.099	.570
学历	− .726	− .465

说明：因子载荷矩阵旋转在 3 次迭代后收敛。

由表 6 - 8 可知，教师的年龄、教龄、职称、学历在第 1 个因子上有较高的载荷，第 1 个因子主要解释了这几个变量，可命名为教师职业时间因素；但教师的执教科目、是否担任班主任虽在第 2 个因子上有较高的载荷，但根据第二步的结论本研究只适于提取 1 个共同因子，不再对第 2 个共同因子多做分析。

（四）计算因子得分

本研究采用回归法估计因子得分系数，并输出因子得分系数（见表

6－9）。

表6－9　因子得分系数矩阵

	成　分	
	1	2
年龄	.387	.058
教龄	.383	.051
学历	－.114	－.329
职称	.325	－.223
是否担任班主任	－.018	.499
执教科目	－.137	.570

由于本研究只适于提取第1共同因子，根据表6－9可写出第1因子得分的函数：

$F_1 = 0.387$ 年龄 $+ 0.383$ 教龄 $- 0.114$ 学历 $+ 0.325$ 职称 $- 0.018$ 是否担任班主任 $- 0.137$ 执教科目。

（五）小结

通过以上的因子分析，初步达到了降维目的，教师的年龄、教龄、学历和职称间由于具有线性相关关系，且提取的共同因子对它们的解释度合格，重新组合的教师职业时间因素这一变量能够保留原有这4个变量的大部分信息，可以用1个变量对上述4个变量进行拟合。因此，在进行下一节不同班级规模及不同其他因素对教师工作效率分析前，我们已将本研究起初时可能对教师工作效率产生影响的9个因素浓缩到了4个，即执教班级规模、执教科目、是否担任班主任和教师的职业时间因素。在下一步探讨中，本研究将先采取这4个变量进行。

三、中部地区班级规模与教师发展的相关性分析

以下对中部地区班级规模与教师发展的 Kendall 和 Spearman 相关系数进行分析（见表6－10）。

表6-10 相关系数

			班级规模等级	教师发展
Kendall 的 tau_b	班级规模等级	相关系数	1.000	.090
		Sig.（双侧）	.	.617
		N	21	21
	教师发展	相关系数	.090	1.000
		Sig.（双侧）	.617	.
		N	21	21
Spearman 的 rho	班级规模等级	相关系数	1.000	.134
		Sig.（双侧）	.	.563
		N	21	21
	教师发展	相关系数	.134	1.000
		Sig.（双侧）	.563	.
		N	21	21

经 Kendall 和 Spearman 相关系数检验，P 值大于 0.05，说明教师发展与班级规模不成线性相关。教师发展是在多种因素综合作用下的结果，主观因素的作用更大，如教师的个人能力、专业基础、思想观念等。调查中的多数教师同时教授大小班级好几个，对于不同规模类型的班级，均有丰富的教育教学经验，因此，班级规模对他们专业发展的影响不大。

第四节 班级规模对教师工作效率影响的分析

在本章第三节，本研究已经讨论了教师工作效率及其影响因素的相关性，并进行了相关性检验。结果发现，在可能影响教师工作效率的众多因素中，教师的执教班级规模相关性最强，且显著性检验中显著性高。由于回归分析得出的相关系数掺杂了各因素的交互作用，为了进一步证明单执教班的规模本身就与教师工作效率有较高的相关性，本章第三节回归分析后着重检验了本研究设定的 9 个教师工作效率的影响因素之间的相关性，借助了方差膨胀因子（VIF）作为检验的测量工具，证实了执教班级规模与影响教师工作效率的其他因素较少有相关性，这一因素是较为独立的。在此，本研究将最初选取的影响教师工作效率的 9 个因素通过提取共同因子浓缩到了 4 个因素。

既然已经证实了教师的执教班级规模和教师的工作效率存在相关关系，那么它们之间究竟是如何相互影响的？是否在其他因素下班级规模与教师工作效率的相关性有不同的表现？循着这个思路，本研究展开了第四节的分析和讨论。首先，不同的班级规模范围内，教师的工作效率在总体上分别如何；其次，将教师执教班级规模与所有因素分别进行组合，结合因子分析最终得出的影响教师工作效率的 4 个因素进行 2×2 的分析，以期得出在各种条件下最佳的教师工作效率。

本节教师工作效率的统计方法采取均值和标准差，大体上以观察均值得出教师工作效率较为突出时对应的情况，再比较标准差的大小（表格）及变化趋势（图形）以确定每个条件下最佳的教师工作效率。

一、不同班级规模下的教师工作效率

本章第三节中的回归分析已得出结论：班级规模是影响教师工作效率的一个主要因素。相关性分析上已经确认，但还缺乏实际数据的支持，本部分将按照调查问卷中对班级规模划分的范围，分别对每个范围内的教师工作效率进行统计，以期得出不同班级规模下的教师工作效率。

（一）计算方法说明

本研究在上海市 M、C、P 3 区共抽取了 L、Y、X 3 所普通初中，在中部地区抽取两所小学进行展开调研，受调查教师涉及问卷设计中的所有年龄、教龄、执教年级、执教科目和执教班级规模，具有代表性。本部分将按照调研问卷中班级规模的范围分类，分别是 15 人以下、16～20 人、21～25 人、26～30 人、31～35 人、36 人以上这 6 类班级规模，将每类班级规模范围下所对应的教师工作效率进行统计汇总，求均值和标准差，最终在同一张图表上显示本研究中不同班级规模范围下的教师工作效率。

（二）数据处理与分析

按照上述计算方法，对东部地区的数据处理可得出结果（见表 6 - 11、图 6 - 3）。

表 6-11　不同班级规模下教师工作效率

班级规模范围	教师工作效率（产出/投入）		
	N	均值	标准差
15 人以下	1		
16～20 人	10	2.769	4.941
21～25 人	17	1.225	1.889
26～30 人	46	3.530	6.419
31～35 人	28	1.413	1.297
36 人以上	1		

说明：研究中 15 人以下、36 人以上的班级规模的样本教师分别只有 1 人，无法体现代表性。

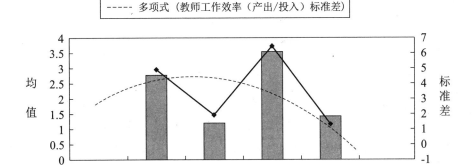

图 6-3　不同班级规模下的教师工作效率

从表 6-11 和图 6-3 可以看出，调研东部地区抽样学校中，班级规模在 26～30 人的班级数量最多，将近占所有调研班级总量的 50%。在本研究中 26～30 人的班级规模可视为一般规模。而调研恰恰也证实，在 26～30 人的班级中教师的工作效率均值是最高的，但在这个班级规模下教师工作效率的标准差也是最大的，表明此数据集的离散程度高。虽然同在教授班级规模为 26～30 人的班级，但教师与教师间的工作效率的差异较大，不难看出有的教师认为 26～30 人的班级规模使他/她的工作效率发挥很高，而有的教师却认为这样的班级规模不利于自己的效率发挥。再看教师工作效率排名第2的16～20人班级规模，虽然它的工作效率均值不如26～30人的班级规模高，但在16～20人的班级规模中教师与教师间工作效率差异也不如26～30人的班级规模，更多的教师对自己工作效率发挥的认同度好。为了更清晰地总结变化趋势，在图6-3中添加趋势线可以发现：比较16～20人和26～30人的班级规模，标准差趋势虚线在26～30人时呈下降趋势，说明教师离散度在减小，而16～20人的教师工作效率认同不一致正在扩大，因此基本可以认定26～30人的班级规模下教师工作效率更佳。30人以上班级规模的大部分教师认同自己的工作效率不高（由均值比较可以得出），故21～25人班级规模最不利于教师工作效率的发挥。

对中部调研的数据处理可得出结果（见表6-12、图6-4）。

表6-12 中部地区不同班级规模下的教师发展状况

班级规模等级	均 值	N	标准差
少于20人			.
21～25人	94.9375	3	.00000
26～30人	99.4688	2	.66291
31～35人	96.7875	5	6.27302
36人以上	98.3636	11	3.95658
总计	97.9375	21	4.25257

从表6-12和图6-4可以看出，规模为26～30人的班级中教师发展得分最高，31～35人的班级中教师发展的差距最大，离散度增加，21～25人的班级规模教师发展得分最低。说明，26～30人的班级规模最有利于教师发展，21～25人的班级规模最不利于教师发展。这一结论与东部地区数据所得结论相一致。

这样的结果容易引发以下思考：（1）本研究中，在影响教师工作效率的4个变量（重新组合后）中，除班级规模外的其他3个变量在对教师工作效率的影响中又起到了什么作用？（2）是什么原因导致26～30人的班级中教师工作效率发挥的差异如此之大？（3）教授31～35人班级规模的教师又为何较一致地认为自己工作效率发挥并不佳？带着这些疑问，本研究展开进一步的探讨。

二、不同班级规模与各类因素共同作用下的教师工作效率

以上分析数据已经告诉我们：（1）26～30人的班级规模中，教师工

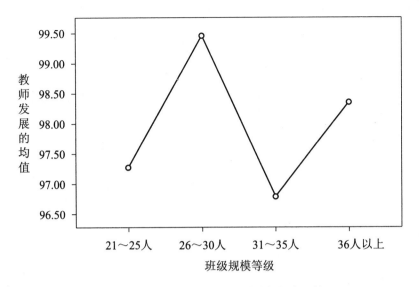

图 6 - 4　中部地区不同班级规模的教师发展状况

作效率均值最高，但教师对此的认同度低；（2）31～35 人的班级规模中，教师工作效率均值虽不高，但大部分教师都对此表示认同；（3）16～20 人的班级规模中教师工作效率的均值和标准差均不显著。本部分选取 16～20 人、21～25 人、26～30 人及 31～35 人 4 类班级规模，分别分析了其在不同因素作用下的教师工作效率。

在教师工作效率的因子分析中，已经得出教师职业时间因素的得分函数。将本研究调研数据录入这个得分函数，得出每个样本的教师职业时间因素得分。在此将本研究中所有类型班级在教师职业时间因素、执教科目、是否担任班主任 3 个因素共同作用下的教师工作效数据进行整合（见表 6 - 13）。

其中班级规模分别为 16～20 人、21～25 人、26～30 人、31～35 人。由于这各类班级规模对应的教师情况众多，每种情况用字母一一对应（见表 6 - 14）。

表6-13 不同班级规模与各种因素共同作用下的教师工作效率

班级规模	是否担任班主任	教师工作效率（产出/投入）	执教科目（教师职业时间）										
			主 课				次主课				副 课		
			0~1	1~2	2~3	3~4	0~1	1~2	2~3	0~1	1~2	2~3	3~4
16~20人	担任班主任	均值	－	0.294	6.518	－	0.449	－	－	－	－	－	－
		标准差	－	0.403	7.966	－	0.679	－	－	－	－	－	－
	不担任班主任	均值	－	0.676	0.758	2.894	－	－	－	－	－	－	－
		标准差	－	1.343	0.548	1.275	－	－	－	－	－	－	－
21~25人	担任班主任	均值	－	0.643	2.236	－	－	0.295	－	－	－	－	－
		标准差	－	2.665	3.101	－	－	1.278	－	－	－	－	－
	不担任班主任	均值	5.992	0.638	－	－	0.451	0.472	－	－	5.174	0.110	－
		标准差	7.688	1.343	－	－	0.628	0.630	－	－	1.407	0.830	－
26~30人	担任班主任	均值	0.930	1.356	9.765	－	－	1.588	－	－	－	－	－
		标准差	3.473	1.430	13.279	－	－	0.271	－	－	－	－	－
	不担任班主任	均值	0.554	8.654	0.758	0.830	2.083	－	4.420	0.647	2.184	－	0.632
		标准差	1.556	6.889	0.580	1.010	1.855	－	7.015	0.536	1.934	－	0.763
31~35人	担任班主任	均值	－	0.770	0.175	－	2.070	0.526	－	－	1.543	－	－
		标准差	－	0.855	1.373	－	1.326	0.464	－	－	0.066	－	－
	不担任班主任	均值	－	0.876	3.852	－	－	1.821	－	－	1.225	－	－
		标准差	－	0.562	0.363	－	－	0.667	－	－	3.954	－	－

说明：不含样本或样本不足2的类别不计入统计范畴，用"－"表示。

表6-14 教师类型分类对应表

教师类型	对应字母	教师类型	对应字母
主课班主任/0～1	A	次主课非班主任/0～1	K
主课班主任/1～2	B	次主课非班主任/1～2	L
主课班主任/2～3	C	次主课非班主任/2～3	M
次主课班主任/0～1	D	副课非班主任/0～1	N
次主课班主任/1～2	E	副课非班主任/1～2	O
副课班主任/1～2	F	副课非班主任/2～3	P
主课非班主任/0～1	G	副课非班主任/3～4	Q
主课非班主任/1～2	H		
主课非班主任/2～3	I		
主课非班主任/3～4	J		

（一）16～20人班级规模与各类因素共同作用下的教师工作效率

从表6-13的数据看出，此种情况下的教师工作效率（见图6-5）。

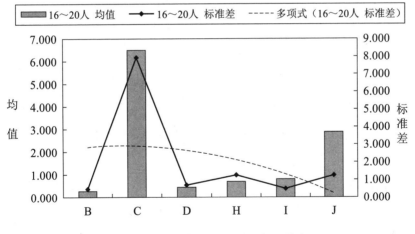

图6-5 15～20人班级教师工作效率

图6-5显示，C对应的教师工作效率均值最高，此时虽然教师工作效率标准差对应的趋势虚线并未处于最低点，但存在下降的趋势，即教师认可度的差异性将降低，因此C类教师在16～20人班级中工作效率最大。通过查询原始数据，16～20人班级中教师工作效率最佳时的教师为：教师职业时间2～3的主课班主任。

（二）21～25人班级规模与各类因素共同作用下的教师工作效率

从表6-13的数据看出，此种情况下的教师工作效率（见图6-6）。

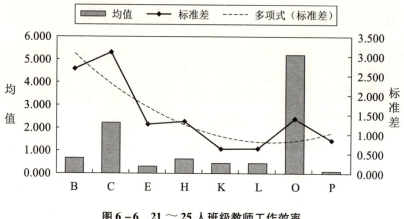

图6-6　21～25人班级教师工作效率

图6-6显示，O对应的教师工作效率均值最高，此时教师工作效率标准差对应的趋势虚线处于较平缓的低位，可视为教师对O的认可的差异性不大，且差异度也没有较大的变化趋向。因此，O类教师在21～25人班级中工作效率最大。通过查询原始数据，21～25人班级中教师工作效率最佳时的教师为：教师职业时间1～2的副课非班主任。

（三）26～30人班级规模与各类因素共同作用下的教师工作效率

从表6-13的数据看出，此种情况下的教师工作效率（见图6-7）。

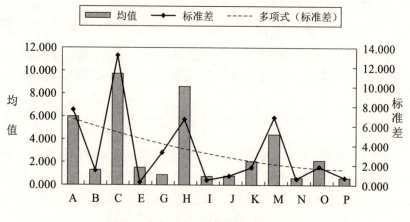

图6-7　26～30人班级教师工作效率

图6-7显示，C、H是教师工作效率均值对应的高点，H稍低。通过观察黑色的教师工作效率均值变化趋势线和工作效率标准差变化趋势虚线，

可以发现标准差下降的速度大于均值下降速度，C 类教师对于工作效率的认同度正迅速下降，到 H 时教师工作效率的认同度较好。虽然 H 类教师工作效率均值不及 C，但 H 的均值与 C 的均值相差不大，因此，H 类教师在 26～30 人班级中工作效率最大。通过查询原始数据，26～30 人班级中教师工作效率最佳时的教师为：教师职业时间 1～2 的主课非班主任。

（四）31～35 人班级规模与各类因素共同作用下的教师工作效率

从表 6-13 的数据看出，此种情况下的教师工作效率（见图 6-8）。

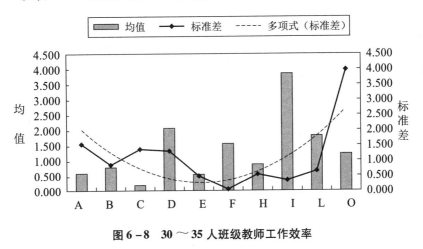

图 6-8 30～35 人班级教师工作效率

图 6-8 显示，I 是教师工作效率最高的对应点，而此时教师工作效率标准差趋势虚线也处于较低的位置，说明 I 类教师对此班级规模时的工作效率较为认同。因此，I 类教师在 31～35 人班级中工作效率最大。通过查询原始数据，31～35 人班级中教师工作效率最佳时的教师为：教师职业时间 2～3 的主课非班主任。

三、不同班级规模与各类因素分别作用下的教师工作效率

上一部分中为便于分析不同班级规模与各种不同因素共同作用于教师工作效率的情况，因此通过上一章的因子分析重新组合影响因素进行降维。然而本部分着重分析不同班级规模分别与各种影响因素作用于教师工作效率时的情况，于是将影响因素返回到回归分析得到的 6 个因素（不含教师执教班级规模因素）。

（一）不同班级规模与教师年龄因素作用的教师工作效率

本研究将教师的年龄按 10 年为间隔划分了 4 个年龄段，分别为：30 岁及以下、31～40 岁、41～50 岁、51 岁及以上。将这 4 个年龄段结合不同的班级规模，得出的教师工作效率情况（见表6－15）。

表6－15　不同班级规模与教师年龄因素作用的教师工作效率

班级规模	教师工作效率（产出/投入）	教师年龄			
		30 岁及以下	31～40 岁	41～50 岁	51 岁及以上
16～20 人	均值	0.378	2.169	0.758	2.894
	标准差	0.339	0.254	0.403	0.274
21～25 人	均值	0.340	1.925	0.192	—
	标准差	0.559	2.276	0.115	—
26～30 人	均值	2.479	6.112	1.646	0.632
	标准差	3.986	9.231	2.021	1.370
31～35 人	均值	1.277	1.265	3.852	—
	标准差	0.980	1.322	1.179	—

根据表6－15中的数据再观察每个班级规模范围中的教师工作效率，其在各种班级规模下的教师工作效率均值和标准差变化（见图6－9、图6－10、图6－11、图6－12）。

1. 16～20人班级规模与教师年龄因素作用的教师工作效率

从表6－15的数据看出，此种情况下的教师工作效率（见图6－9）。

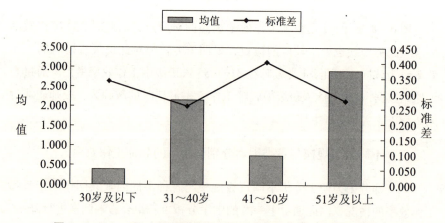

图6－9　16～20人班级规模与教师年龄因素作用的教师工作效率

图6－9显示，51岁以上年龄的教师在16～20人的班级中工作效率均值最高，且在这时教师工作效率的标准差处于较低的水平，因此可以得出结论：16～20人的班级规模中，51岁以上年龄的教师工作效率最高。

2. 21～25人班级规模与教师年龄因素作用的教师工作效率

从表6－15的数据看出，此种情况下的教师工作效率（见图6－10）。

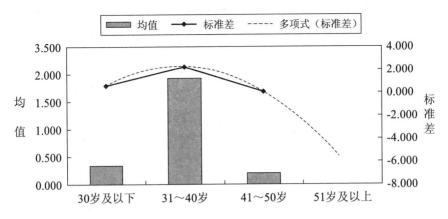

图 6 - 10　21 ～ 25 人班级规模与教师年龄因素作用的教师工作效率

图 6 - 10 显示，31 ～ 40 岁年龄的教师在 21 ～ 25 人的班级中工作效率均值最高，但在这时教师工作效率的标准差处于最高。再看教师工作效率标准差变化趋势虚线，30 岁以下年龄时教师工作效率标准差呈上升趋势，即教师对此的认同度有变大趋势。虽然 41 ～ 50 岁年龄时教师工作效率有下降趋势，但此时工作效率的均值较最高点的差距悬殊严重。因此可以得出结论：21 ～ 25 人的班级规模中，31 ～ 40 岁年龄的教师工作效率最高。

3. 26 ～ 30 人班级规模与教师年龄因素作用的教师工作效率

从表 6 - 15 的数据看出，此种情况下的教师工作效率（见图 6 - 11）。

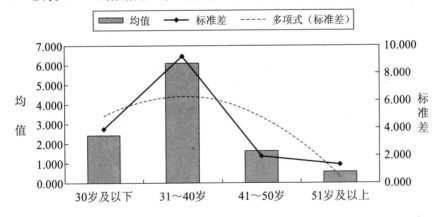

图 6 - 11　26 ～ 30 人班级规模与教师年龄因素作用的教师工作效率

图 6 - 11 显示，31 ～ 40 岁年龄的教师在 26 ～ 30 人的班级中工作效率均值最高，但在这时教师工作效率的标准差处于最高。再看教师工作效率标准差变化趋势虚线，与上一种情况类似，30 岁以下年龄时教师工作效率标准差呈上升趋势，即教师对此的认同度有变大趋势。虽然 41 ～ 50 岁、

51 岁以上时教师工作效率有下降趋势，但此时工作效率的均值较最高点的差距悬殊严重。因此可以得出结论：26 ～ 30 人的班级规模中，31 ～ 40 岁年龄的教师工作效率最高。

4. 31 ～ 35 人班级规模与教师年龄因素作用的教师工作效率

从表 6 - 15 的数据看出，此种情况下的教师工作效率（见图 6 - 12）。

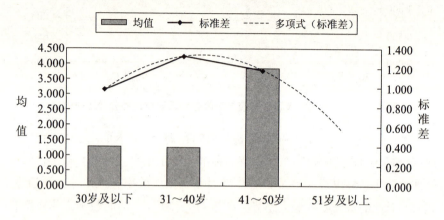

图 6 - 12　31 ～ 35 人班级规模与教师年龄因素作用的教师工作效率

图 6 - 12 显示，41 ～ 50 岁年龄的教师在 30 ～ 35 人的班级中工作效率均值最高，在这时教师工作效率的标准差也较高。再看教师工作效率标准差变化趋势虚线，仅 41 ～ 50 岁时的教师工作效率标准差呈下降趋势，表明这个年龄的教师工作效率更一致。显然，可以得出结论：31 ～ 35 人的班级规模中，41 ～ 50 岁年龄的教师工作效率最高。

（二）不同班级规模与教师教龄因素作用的教师工作效率

本研究结合教师职业倦怠规律将教师的教龄分为 5 个教龄段，分别为：3 年及以下、4 ～ 10 年、11 ～ 20 年、21 ～ 30 年、31 年及以上。将这 5 个教龄段结合不同的班级规模，得出的教师工作效率情况（见表 6 - 16）。

表 6 - 16　不同班级规模与教师教龄因素作用的教师工作效率

班级规模	教师工作效率（产出/投入）	教师教龄				
		3 年及以下	4 ～ 10 年	11 ～ 20 年	21 ～ 30 年	31 年及以上
16 ～ 20 人	均值	—	0.378	5.033	0.758	2.894
	标准差	—	0.339	7.150	1.285	0.934

续表

班级规模	教师工作效率（产出/投入）	教师教龄				
		3 年及以下	4～10 年	11～20 年	21～30 年	31 年及以上
21～25 人	均值	0.089	0.806	2.138	0.110	—
	标准差	0.016	0.754	2.624	1.293	—
26～30 人	均值	6.052	0.791	6.312	1.713	0.632
	标准差	7.605	0.703	9.114	2.175	3.581
31～35 人	均值	1.266	1.036	1.738	3.852	—
	标准差	0.188	0.839	1.889	1.953	—

根据表 6-16 中的数据再观察每个班级规模范围中的教师工作效率，其在各种班级规模下的教师工作效率均值和标准差变化见图 6-13、图 6-14、图 6-15、图 6-16。

1. 16～20 人班级规模与教师教龄因素作用的教师工作效率

从表 6-16 的数据看出，此种情况下的教师工作效率（见图 6-13）。

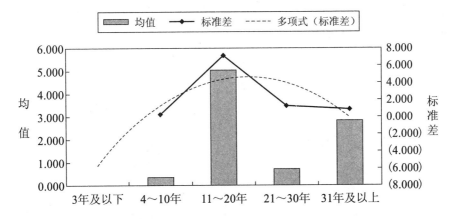

图 6-13 16～20 人班级规模与教师教龄因素作用的教师工作效率

图 6-13 显示，11～20 年教龄的教师在 16～20 人的班级中工作效率均值最高，但此时教师工作效率的标准差最高。再看教师工作效率标准差变化趋势虚线，31 年及以上教龄的教师工作效率标准差呈迅速下降趋势，然而其均值的下降趋势却不及标准差的下降趋势。则可以得出结论：16～20 人的班级规模中，31 年及以上教龄的教师工作效率最高。

2. 21～25 人班级规模与教师教龄因素作用的教师工作效率

从表 6-16 的数据看出，此种情况下的教师工作效率（见图 6-14）。

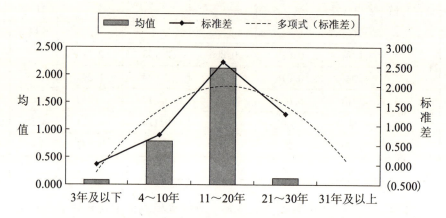

图 6-14　21～25 人班级规模与教师教龄因素作用的教师工作效率

图 6-14 显示，11～20 年教龄的教师在 21～25 人的班级中工作效率均值最高，但此时教师工作效率的标准差最高。再看教师工作效率标准差变化趋势虚线，11～20 年教龄教师工作效率标准差趋势持平，且慢慢有下降趋势。因此可以得出结论：21～25 人的班级规模中，11～20 年教龄的教师工作效率最高。

3. 26～30 人班级规模与教师教龄因素作用的教师工作效率

从表 6-16 的数据看出，此种情况下的教师工作效率（见图 6-15）。

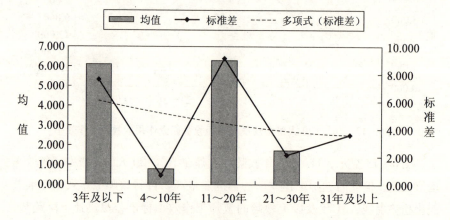

图 6-15　26～30 人班级规模与教师教龄因素作用的教师工作效率

图 6-15 显示，11～20 年教龄的教师在 26～30 人的班级中工作效率均值最高，但此时教师工作效率的标准差最高。再看教师工作效率标准差

变化趋势虚线，3 年及以下教龄的教师工作效率标准差下降较 11～20 年教师更快。因此可以得出结论：26～30 人的班级规模中，3 年及以下教龄的教师工作效率最高。

4. 31～35 人班级规模与教师教龄因素作用的教师工作效率

从表 6-16 的数据看出，此种情况下的教师工作效率（见图 6-16）。

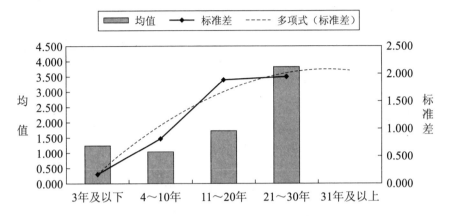

图 6-16　31～35 人班级规模与教师教龄因素作用的教师工作效率

图 6-16 显示，21～30 年教龄的教师在 31～35 人的班级中工作效率均值最高，但此时教师工作效率的标准差最高。再看教师工作效率标准差变化趋势虚线，21～30 年教龄的教师工作效率标准差上升趋势最慢。因此可以得出结论：31～35 人的班级规模中，21～30 年教龄的教师工作效率最高。

（三）不同班级规模与教师学历因素作用的教师工作效率

本研究结合现实情况将教师的学历分为 3 个水平，分别为：专科、本科、研究生。将这 3 个学历水平结合不同的班级规模，得出的教师工作效率情况（见表 6-17）。

表 6-17　不同班级规模与教师学历因素作用的教师工作效率

班级规模	教师工作效率（产出/投入）	教师学历		
		专科	本科	研究生
16～20 人	均值	—	2.769	—
	标准差	—	6.941	—
21～25 人	均值	—	1.311	0.100
	标准差	—	1.937	1.386

续表

班级规模	教师工作效率（产出/投入）	教师学历		
		专科	本科	研究生
26～30人	均值	0.632	2.846	10.655
	标准差	3.683	4.464	16.082
31～35人	均值	1.119	1.361	2.070
	标准差	0.395	1.403	1.326

　　根据表6-17中的数据再观察每个班级规模范围中的教师工作效率，其在各种班级规模下的教师工作效率均值和标准差变化见图6-17、图6-18、图6-19。由于16～20人的班级规模中无专科与研究生学历的教师样本，16～20人班级规模此处暂不考虑。

　　1. 21～25人班级规模与教师学历因素作用的教师工作效率

　　从表6-17的数据看出，此种情况下的教师工作效率（见图6-17）。

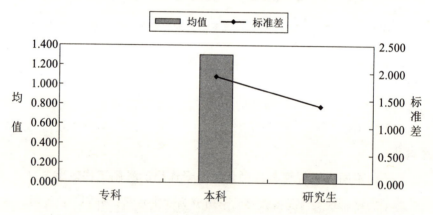

图6-17　21～25人班级规模与教师学历因素作用的教师工作效率

　　图6-17显示，本科学历的教师在21～25人的班级中工作效率均值最高，此时教师工作效率的标准差也最高。但此种情况下教师工作效率标准差的下降趋势高于均值的下降趋势。因此可以得出结论：21～25人的班级规模中，本科学历的教师工作效率最高。

　　2. 26～30人班级规模与教师学历因素作用的教师工作效率

　　从表6-17的数据看出，此种情况下的教师工作效率（见图6-18）。

　　图6-18显示，研究生学历的教师在21～25人的班级中工作效率均值最高，此时教师工作效率的标准差也最高，而两者的上升速度是基本一

致的。因此可以得出结论：26～30人的班级规模中，研究生学历的教师工作效率最高。

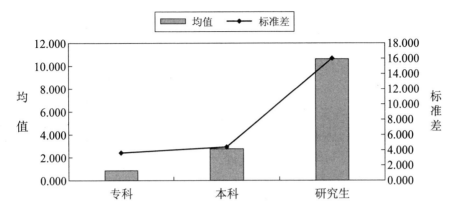

图6-18　26～30人班级规模与教师学历因素作用的教师工作效率

3. 31～35人班级规模与教师学历因素作用的教师工作效率

从表6-17的数据看出，此种情况下的教师工作效率（见图6-19）。

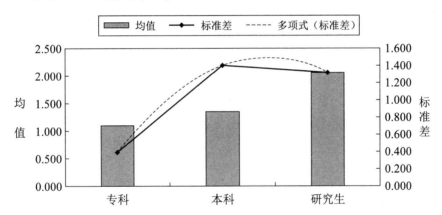

图6-19　31～35人班级规模与教师学历因素作用的教师工作效率

图6-19显示，研究生学历的教师在31～35人的班级中工作效率均值最高，此时教师工作效率的标准差也最高。但专科和本科学历教师工作效率标准差趋势虚线均上升，仅研究生学历的教师工作效率标准差下降，表明研究生学历的教师对自己的工作效率认同度更一致。因此可以得出结论：31～35人的班级规模中，研究生学历的教师工作效率最高。

（四）不同班级规模与教师职称因素作用的教师工作效率

本研究结合现实情况将教师的职称分为4个水平，分别为初级、中级、高级、特级。根据本研究第四章中问卷调查的样本分布情况统计，本研究

样本教师中无职称为特级者，于是本研究将仅就初级、中级、高级这3个
职称水平结合不同的班级规模，得出的教师工作效率情况如表6-18。

表6-18　不同班级规模与教师职称因素作用的教师工作效率

班级规模	教师工作效率 （产出/投入）	教师职称		
		初级	中级	高级
16～20人	均值	0.595	5.451	2.260
	标准差	0.155	8.854	0.994
21～25人	均值	0.632	1.651	0.192
	标准差	0.550	2.263	0.115
26～30人	均值	2.420	2.289	6.984
	标准差	4.020	3.755	10.498
31～35人	均值	1.553	1.054	2.538
	标准差	0.744	1.500	1.857

根据表6-18中的数据再观察每个班级规模范围中的教师工作效率，
其在各种班级规模下的教师工作效率均值和标准差变化见图6-20、图6-
21、图6-22、图6-23。

1. 16～20人班级规模与教师职称因素作用的教师工作效率

从表6-18的数据看出，此种情况下的教师工作效率（见图6-20）。

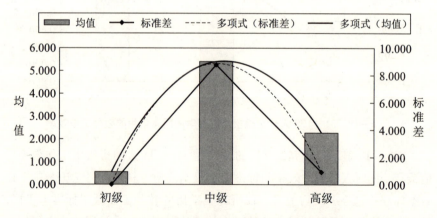

图6-20　16～20人班级规模与教师职称因素作用的教师工作效率

图6-20显示，中级职称的教师在16～20人的班级中工作效率均值
最高，此时教师工作效率的标准差也最高。但中级职称教师工作效率标准
差变化趋势虚线持平，均值变化趋势实线却仍处上升态势，更可说明在这

种情况下教师工作效率平均水平会增高、教师认同度却不再扩大。因此可以得出结论：16～20人的班级规模中，中级职称的教师工作效率最高。

2. 21～25人班级规模与教师职称因素作用的教师工作效率

从表6-18的数据看出，此种情况下的教师工作效率（见图6-21）。

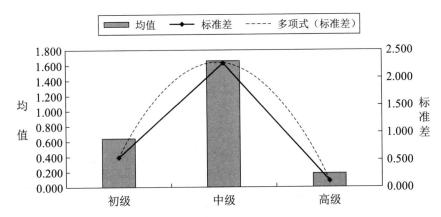

图6-21 21～25人班级规模与教师职称因素作用的教师工作效率

图6-21显示，中级职称的教师在21～25人的班级中工作效率均值最高，此时教师工作效率的标准差也最高。但中级职称教师工作效率标准差变化趋势虚线基本持平且带有下降态势。因此可以得出结论：21～25人的班级规模中，中级职称的教师工作效率最高。

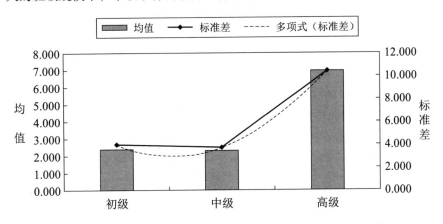

图6-22 26～30人班级规模与教师职称因素作用的教师工作效率

3. 26～30人班级规模与教师职称因素作用的教师工作效率

从表6-18的数据看出，此种情况下的教师工作效率（见图6-22）。

图6-22显示，高级职称的教师在26～30人的班级中工作效率均值最高，

此时教师工作效率的标准差也最高。值得注意的是，初级职称的教师在 26～30 人的班级规模中工作效率均值虽不高，但标准差趋势虚线在下降，教师对此的认同一致程度较高。高级职称教师工作效率均值较初级和中级教师突出许多，综上所述，可以得出结论：26～30 人的班级规模中，高级职称的教师工作效率最高。

4. 31～35 人班级规模与教师职称因素作用的教师工作效率

从表 6-18 的数据看出，此种情况下的教师工作效率（见图 6-23）。

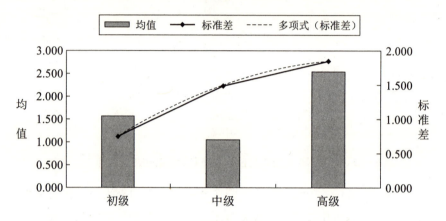

图 6-23　31～35 人班级规模与教师职称因素作用的教师工作效率

图 6-23 显示，高级职称的教师在 31～35 人的班级中工作效率均值最高，此时教师工作效率的标准差也最高。但教师工作效率标准差变化趋势虚线显示，高级职称教师工作效率标准差的上升的速度不及初级、中级教师，说明高级职称教师对自身工作效率的认同度不如初级与中级教师的差异大。因此可以得出结论：31～35 人的班级规模中，高级职称的教师工作效率最高。

（五）不同班级规模与教师执教科目因素作用的教师工作效率

本研究在调研初始阶段将教师的执教科目分为 7 类，在此处为方便统计和分析，将这 7 类科目按性质进行重新组合、命名。重新组合后得到的执教科目有 3 类，它们分别是：主课（语文、数学、英语）、次主课（思品与政史地、科技劳技与理化生）、副课（音乐、体育、美术和校本课程）。将这 3 类科目结合不同的班级规模，得出的教师工作效率情况（见表 6-19）。

表6-19　不同班级规模与教师执教科目因素作用的教师工作效率

班级规模	教师工作效率（产出/投入）	教师执教科目		
		主课	次主课	副课
16～20人	均值	3.059	—	—
	标准差	5.200	—	—
21～25人	均值	1.544	0.432	2.642
	标准差	2.189	0.492	3.581
26～30人	均值	4.524	3.388	1.157
	标准差	7.656	5.547	1.223
31～35人	均值	1.070	1.622	1.863
	标准差	1.163	1.065	1.741

　　根据表6-19中的数据再观察每个班级规模范围中的教师工作效率，其在各种班级规模下的教师工作效率均值和标准差变化见图6-24、图6-25、图6-26。本研究的样本教师中未有教授次主课或副课的班级规模在16～20人的教师，16～20人班级规模此处暂不考虑。

　　1. 21～25人班级规模与教师执教科目因素作用的教师工作效率

　　从表6-19的数据看出，此种情况下的教师工作效率（见图6-24）。

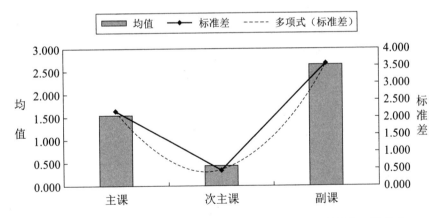

图6-24　21～25人班级规模与教师执教科目因素作用的教师工作效率

　　图6-24显示，副课教师在21～25人的班级中工作效率均值最高，此时教师工作效率的标准差也最高。教师工作效率标准差变化趋势虚线显示，主课教师工作效率标准差与副课教师相比，相差不如均值差距来得大。因此可以得出结论：21～25人的班级规模中，副课教师工作效率最高。

2. 26～30人班级规模与教师执教科目因素作用的教师工作效率

从表6-19的数据看出，此种情况下的教师工作效率（见图6-25）。

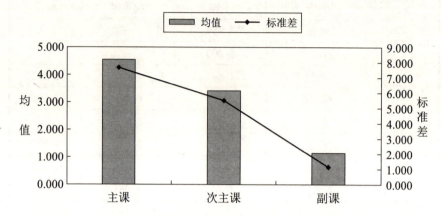

图6-25　26～30人班级规模与教师执教科目因素作用的教师工作效率

图6-25显示，主课教师在26～30人的班级中工作效率均值最高，此时教师工作效率的标准差也最高。观察教师工作效率标准差的折线，教师工作效率的标准差在下降，与工作效率均值的柱状下降速度趋同。因此可以得出结论：26～30人的班级规模中，主课教师工作效率最高。

3. 31～35人班级规模与教师执教科目因素作用的教师工作效率

从表6-19的数据看出，此种情况下的教师工作效率（见图6-26）。

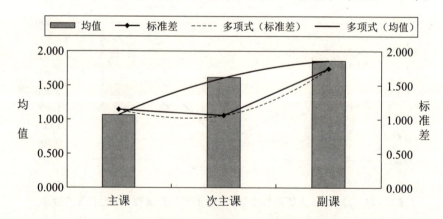

图6-26　31～35人班级规模与教师执教科目因素作用的教师工作效率

图6-26显示，副课教师在31～35人的班级中工作效率均值最高，此时教师工作效率的标准差也最高。教师工作效率标准差的变化趋势虚线显示，副课教师在31～35人班级规模中工作效率上升速度最大，即

教师对此认同差异性在扩大。而主课教师的工作效率标准差呈下降趋势。因此可以得出结论：31～35人的班级规模中，主课教师工作效率最高。

（六）不同班级规模与担任班主任因素作用下的教师工作效率

本研究调研时设置了担任班主任与不担任班主任两种情况任由教师选择。这里将这两种情况结合不同的班级规模，得出教师工作效率情况（见表6－20）。

表6－20　不同班级规模与担任班主任因素作用下的教师工作效率

班级规模	教师工作效率（产出/投入）	教师是否担任班主任	
		班主任	非班主任
16～20人	均值	3.432	1.443
	标准差	6.070	1.258
21～25人	均值	1.529	1.055
	标准差	2.400	1.682
26～30人	均值	5.276	2.570
	标准差	8.678	4.609
31～35人	均值	1.363	1.475
	标准差	1.503	1.083

根据表6－20中的数据再观察每个班级规模范围中的教师工作效率，其在各种班级规模下的教师工作效率均值和标准差变化见图6－27、图6－28、图6－29、图6－30。

1. 16～20人班级规模与担任班主任因素作用下的教师工作效率

从表6－20的数据看出，此种情况下的教师工作效率（见图6－27）。

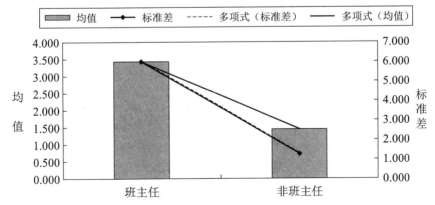

图6－27　16～20人班级规模与教师是否担任班主任因素作用的教师工作效率

图 6 - 27 显示，班主任教师在 16～20 人的班级中工作效率均值最高，此时教师工作效率的标准差也最高。教师工作效率均值的变化趋势实线和标准差的变化趋势虚线显示，虚线的下降速度比实线更大，即教师更趋向认同自己的工作效率。因此可以得出结论：16～20 人的班级规模中，班主任教师工作效率最高。

2. 21～25 人班级规模与担任班主任因素作用下的教师工作效率

从表 6 - 20 的数据看出，此种情况下的教师工作效率（见图 6 - 28）。

图 6 - 28 显示，班主任教师在 21～25 人的班级中工作效率均值最高，此时教师工作效率的标准差也最高。教师工作效率均值的变化趋势实线和标准差的变化趋势虚线显示，实线的下降速度比虚线更大，即班主任与非班主任教师对自身工作效率认同度差异的变化不大。因此可以得出结论：21～25 人的班级规模中，非班主任教师工作效率最高。

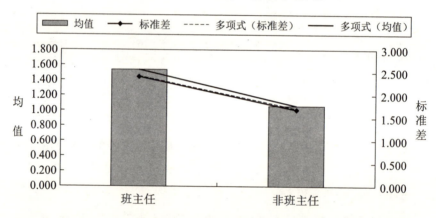

图 6 - 28　21～25 人班级规模与教师是否担任班主任因素作用的教师工作效率

3. 26～30 人班级规模与担任班主任因素作用下的教师工作效率

从表 6 - 20 的数据看出，此种情况下的教师工作效率（见图 6 - 29）。

图 6 - 29 显示，班主任教师在 26～30 人的班级中工作效率均值最高，此时教师工作效率的标准差也最高。教师工作效率均值的变化趋势实线和标准差的变化趋势虚线显示，实线的下降速度比虚线更大，即班主任与非班主任教师对自身工作效率认同度差异的变化不大。因此可以得出结论：26～30 人的班级规模中，非班主任教师工作效率最高。

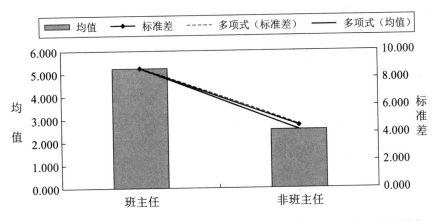

图6-29 26～30人班级规模与教师是否担任班主任因素作用的教师工作效率

4. 31～35人班级规模与教师担任班主任因素作用的教师工作效率

从表6-20的数据看出，此种情况下的教师工作效率（见图6-30）。

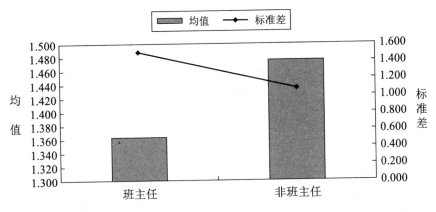

图6-30 31～35人班级规模与教师是否担任班主任因素作用的教师工作效率

图6-30显示，非班主任教师在31～35人的班级中工作效率均值最高，但班主任教师工作效率的标准差却最高。因此可以得出这样的结论：31～35人的班级规模中，非班主任教师工作效率最高。

第五节 讨论与总结

一、研究结论

本章重点讨论了班级规模对教师工作效率的影响，分别对不同班级规模下的教师工作效率总体情况、班级规模与不同因素作用下的教师工作效率情况进行分析，并得出 5 项结论，总结出各类班级规模情况下能使教师工作效率最佳时分别所对应的情况。

① 26～30 人的班级在上海市初中班级规模处于一般水平，在此班级规模下教师的工作效率更佳。

② 16～20 人班级中教师工作效率最佳时的教师为：51 岁以上，具有 31 年及以上教龄和中级职称主课班主任。

③ 21～25 人班级中教师工作效率最佳时的教师为：31～40 岁，具有 11～20 年教龄、本科学历和中级职称的副课非班主任。

④ 26～30 人班级中教师工作效率最佳时的教师为：31～40 岁，具有 3 年及以下教龄、研究生学历和高级职称的主课非班主任。

⑤ 31～35 人班级中教师工作效率最佳时的教师为：41～50 岁，具有 21～30 年教龄、研究生学历和高级职称的主课非班主任。

二、建议

根据第三章和第四章分析得出的结论，学校、教师个人和教育主管部门应该采取相应措施，充分发挥各自的作用，使教师工作效率的发挥达到最佳状态，并为不断优化教师绩效评价的政策提供可参考的依据。

（一）学校

1. 尽早制订招生计划，合理安排班级人数

据《2008 年上海人口概况》：上海市户籍人口自然增长率连续 16 年出现负增长，上海市户籍人口 2007 年出生 90 670 人，出生率为 6.99%；死亡 100 700 人，死亡率为 7.73%；自然增长率为 -0.74%。近年来，上海市户籍人口的出生率低于死亡率的状况虽稍有改善，但人口数量变化带来的影响具有滞后性，间隔一段时间后学校也将在生源数量上受到影响。在本研究调研阶段，Y 中学的校长在访谈中提及了这个问题，并表明学校正在考虑采取措施应对即将到来的生源低谷。

学校生源数量减少是学校无法改变的事实，那么即使招生规模减小，学校也应合理安排班级人数，将生源带来的影响控制到最低。教师是学生最主要和最直接的接触者，如果教师在教授学生过程中工作效率发挥不佳，影响了教学效果和学生培养，最终将影响学生成长。学校应在安排班级人数时把教师工作效率这一因素融入其中，不能仅因学生人数便利分配各班人数名额。学校应清楚地认识到过大或过小的班级规模都不利于教师工作

效率的发挥。

2. 参考教师个人情况，理性安排班级人数

不同年龄、教龄、职称、执教科目的教师适合教授的班级规模类型是存在差异的。对于学生而言，教师即师资是分配到他们身上的一种智力资源。关于师资质量，人们往往习惯于谈教师的学历、职称、教学经验等方面，却极少谈及教师的工作效率是否会对学生的资源分配造成影响。同样对教师而言，班级的规模也决定了教师需付出的成本，而教师投入的成本势必影响教师工作效率的发挥。本研究发现不同类型的教师在不同的规模的班级中工作效率不同，因此学校有必要将教师"区别对待"。

如研究结论所言，教授语、数、英的主课非班主任教师适合教授26～35人的班级，而主课班主任更适合教授16～20人的班级，因此如果在安排主课教师担任班主任后，应尽量安排这位教师教授16～20人规模的班级。为便于理解与记忆，本研究将本条建议命名为"因师设班"。

3. 参考班级规模情况，相应配置班级师资

对每一所学校而言，每个自然班的学生人数在一定时期内是确定的。根据本研究的结论，不同规模的班级适合配置不同的师资，才能使教师的工作效率发挥更大，有利于达到预期的教育目标。

再以另一情况为例：若某学校中部分班级的规模21～25人，则在安排副课非班主任时，学校应考虑31～40岁，具有11～20年教龄、本科学历和中级职称的教师任教。这样的教师工作时效率发挥最大。

此种方法符合人力资源理论中"人岗匹配"的说法，即需要根据岗位的需求，来寻找并安排合适的人选进入岗位、执行任务。本研究将本条建议命名为"因班设师"。

4. 改善教师评价制度，拓宽教师评价方式

在调研中，教师们普遍反映目前学校的教师评价方式较为古板、狭窄，多数以学生的学业成绩进行考量。这样不仅容易在教师中引起不公平感，而且易于以班级规模的差别作为比照点，认为班级规模大了影响整体的教学效果。本研究为改善教师评价方法提供了一个思路，同时考量教师工作的投入和产出，这里的"投入"不仅指由班级规模引起工作量的线性变化，它更是指教师在工作中教学、学习、管理等各方面的投入。

除此之外，学校应拓宽教师评价的内容，不再局限于教学效果的评价，同时应从其他方面关心教师、了解教师的想法，善于发现教师的优点与不足，进行多元化的评价，从而提升教师的工作满意度。

（二）教师

1. 培养效率意识，转变单维评价观

教师工作好坏的评判不能仅仅以数量为依据，而应习惯用相对的思想来看待问题。教师工作的成果不但需要考量教师所承担工作量的多少，也要考量教师完成工作量后的收获，收益与投入的比值才是教师工作后真正获得的成果。班级规模与教师工作量具有的正相关关系是不容置疑的，然而本研究不论在调研问卷的开放题部分还是在访谈阶段，都发现大部分教师认同"班级规模－收益"反相关的想法，并认为学校仅以收益评价教师工作，这种做法缺乏公平感，因此影响了教师们的工作满意度。基于此，教师们应培养对教学活动、学生评价的效率观，同时考虑投入与产出两方面因素，使得自我评价与学生评价更为客观。

2. 把握状态规律，提高工作水平

教师职业需要充分的时间和经验得以工作水平提升。根据本研究结论，能使教师工作效率发挥较好的教师年龄基本需要在 30 岁以后、教龄 4 年以上，具有本科学历即可。这个结论对教师而言却隐藏了一定的"倦怠危机"。目前师范类院校本科毕业生的年龄大多在 21 ～ 23 岁，而有关研究表明教师工作 3 年后便开始出现职业倦怠现象。但若需要使教师工作效率发挥到佳境，至少需要本科毕业生 7 ～ 9 年的工作经验。因此，在师范类应届生工作了 3 年后，应把握机会参与进修，进行教育教学水平的提升，不至于工作效率滑坡带动影响正常的学校教学工作。

（三）教育主管部门

1. 结合教育教学现状，合理规定班级规模

上海是全国实行"小班化教学"较早的地区。对比 2002 年《城市普通中小学校校舍建设标准》中的规定，"初级中学每班人数 50 人"，上海市早已优于这一指标。结合上海本市特征，并参考本研究应用班级经济效益指标分析的结论，并非班级规模越小就越好。为使教师工作效率发挥到最佳，从而教育教学效果最佳，初中班级规模在 26 ～ 30 人适中。教育主管部门在规定合适的班级规模时，也应依据学校教师反映的教育教学现状和共同的工作感受，进行综合考虑，摒弃"越小越好"的简单思维。

2. 优化教师评价方法，努力达到公正合理

目前制定的教师评价制度中，包含了要对教师的工作量进行考量的内容。这样的做法容易引起教师单纯追求工作量，在试图平衡教学质量和数

量的过程中迷失方向。本研究为教师评价方法提供了一种全新的视角，本研究结论显示，在考量教师工作量的同时要关注到教师的工作投入和工作效果，两者的比值工作效率可以更客观地反映教师工作绩效。这一点建议虽针对绩效考核的内容和方法，然而这种思路同样适用于分析如何确定教师评价主体、形式和周期等的研究。

三、不足之处

关于班级规模领域的现有研究成果不少，但通过测算中小学班级规模其他变量的相关性，探索中小学班级适度规模的研究成果则不多见。可以说，就本研究的切入点而言尚属首例。大多数研究者的目光并未关注到通过其他相关变量的经济分析确定中小学适度规模，并反过来为使用这些变量确定研究教师绩效考核的指标和方法打开一扇窗。诚然，本研究成果尚存在进一步深化的方面，具体表现在以下四个方面：

第一，教师工作效率受到众多因素的影响，本研究初始阶段已尽量将各种可能的影响因素细化，但不可避免也会遗漏某些敏感的影响因素；本研究以规模经济理论为基础，规定研究是在教育教学技术水平不变的前提下开展的，忽略了一些因素影响。

第二，将各种影响教师工作效率的因素细化对后期的数据处理分析带来不小的工作量，由于突出主题的考虑只能将某些共线性强的因素通过提取共同因子的方法计算其影响程度得分；在提取共同因子的过程中，保留了原有变量的大部分信息，对于丢弃的信息暂时却无补救措施，因此计算的变量得分结果与真实结果难免会有偏差。

第三，本研究中某些教师工作效率的指标无法用精确的数值定义，加之用标准分数不断地换算，工作效率的得分会存在一定的误差。

第四，由于研究的时间有限，此类研究的样本有待扩大，以稀释某些特定因素的影响。并且本研究仅是一项实证研究，在前提条件规定下才能进行，无法将结论铺开大规模试用。本研究的开展是一种全新的尝试，因此研究结论和建议有待于今后在实践中得到进一步的论证。

第六节　班级规模对于班级管理的影响分析

班级管理可以看作是教师与学生相互作用与影响而产生的一系列的活动，采用一定的方法与手段，通过整合班级资源，以实现一定的教学与活动目标。教师与学生均是班级管理的主体，只有在双主体相互配合与促进中，班级管理才能有序发展。在重点分析了班级规模之于学生与教师各方面之后，本节将简单讨论一下班级规模对班级管理的影响。

根据本研究设定的班级管理的两大二级指标及其五个二级指标，有些指标是可以通过量化的方式来评价的，比如教学秩序的稳定与否、教育关照的程度和班级群体的凝聚程度。但是也有指标只能通过访谈过程中教师与校长的实际感受来说明与论证，比如在不同班级规模中课堂结构的差异，教师管理方式的区别以及班级制度的规范与认同。

一、班级规模与教学秩序的相关性分析

本研究中的教学秩序主要侧重于考察课堂教学中的秩序与纪律的角度，良好的课堂教学秩序可以提高教师的教学与管理效率。根据样本班级规模与课堂教学秩序的标准分数，使用 SPSS 17.0 中双变量相关性分析，分别得出 Kendall 相关系数和 Spearman 相关系数（见表 6 – 21）。

表 6 – 21　相关系数

			班级规模	教学秩序
Kendall 的 tau_b	班级规模	相关系数	1.000	– .657
		Sig.（双侧）	.	.
		N	566	566
	教学秩序	相关系数	– .657	1.000
		Sig.（双侧）	.	.
		N	566	566
Spearman 的 rho	班级规模	相关系数	1.000	– .667
		Sig.（双侧）	.	.
		N	566	566
	教学秩序	相关系数	– .667	1.000
		Sig.（双侧）	.	.
		N	566	566

格拉斯（G. V. Glass）和史密斯（M. L. Smith）的研究曾经指出，在人数少的班级，学生违反纪律的现象较少，学生的课堂体验更加愉悦。根据表 6 – 21 显示结果，班级规模与课堂教学秩序情况的 Kendall τ 相关系数和 Spearman 相关系数分别为 – 0.657 和 – 0.667，并且在显著性水平 α 为 0.05

时，认为班级规模与学生生活态度呈现负向线性关系。由此可见，班级规模对于课堂教学秩序的维护具有一定的影响，但是这种作用效果并不显著，由于在现有的班级授课的教学结构下，教师在课堂秩序的维护方面起到更为主导的作用，如果教师对课堂有更好的掌控性，班级的教学秩序也会明显更优。

二、班级规模与课堂结构的相关性分析

课堂结构，即课堂教学结构，主要是指在一定的教育思想的指导下为完成一定的教学目标，对构成教学的诸因素在时间、空间方面所设计的比较稳定的、简化的组合方式及其活动程序。通过调研过程中的实地观察，课题组发现，班级规模较小时，课堂结构的选择也会更加灵活，授课教师会根据课程目标的设置要求，自由地选择不同的教学环节安排和空间设置。例如，在课堂教学中遇到偏实践类型的课程主题，教师会将班级内的课桌椅全部整理到教室的后排，空出更大的空间给学生进行实践体验，同时在教学时间安排上也会缩短讲授时间，给学生更多的自由体会的时间。但是当班级规模较大时，教师往往可以有更好的教学结构设计，但是却没有空间与时间去实现，制约了教师教学智慧的展现。因此，就课堂教学结构的设计与实施方面，班级规模较小，则具有更多的优势。

三、班级规模与教育关照度的相关性分析

对于班级规模与教育关照度的研究，我国学者和学新有比较深入的探讨，根据其研究的核心思想，本研究进行了适当的改变，将其教育关照度的计算方式，由"教育关照度＝［（周上课时数×上课单位时间）/班级编制标准］/60"变为"教育关照度＝［（周上课小时数＋周个别辅导谈话小时数）/班级编制标准］/60"，而后进行了相关的验证，得出的结论与和学新的研究基本一致：班级规模越小，教师对于学生的关照程度越高，并且班级规模对教育关照度的影响主要区别在周个别辅导谈话小时数，更多地表现在师生人际关系和情感交流等方面，教师在学生较少的时候，能够有更多的精力与学生单独交流，针对学生的问题提出个别指导意见（见表6-22）。

表 6 - 22   相关系数

			班级规模	教育关照度
Kendall 的 tau_b	班级规模	相关系数	1.000	- .954
		Sig.（双侧）	.	.
		N	566	566
	教育关照度	相关系数	- .954	1.000
		Sig.（双侧）	.	.
		N	566	566
Spearman 的 rho	班级规模	相关系数	1.000	- .947
		Sig.（双侧）	.	.
		N	566	566
	教育关照度	相关系数	- .947	1.000
		Sig.（双侧）	.	.
		N	566	566

四、班级规模与班级群体性的相关性分析

本研究的班级群体性主要是指班级内部群体凝聚力和非正式群体对班级的影响等，通过调查问卷与教师访谈的结果进行整理与分析，根据样本班级规模与学生群体性相关设问的标准分数，使用 SPSS 17.0 中双变量相关性分析后，得出 Kendall 相关系数和 Spearman 相关系数（见表 6 - 23）。

表 6 - 23   相关系数

			班级规模	班级群体性
Kendall 的 tau_b	班级规模	相关系数	1.000	- .454
		Sig.（双侧）	.	.
		N	566	566
	班级群体性	相关系数	- .454	1.000
		Sig.（双侧）	.	.
		N	566	566

			班级规模	班级群体性
Spearman 的 rho	班级规模	相关系数	1.000	−.467
		Sig.（双侧）	.	.
		N	566	566
	班级群体性	相关系数	−.467	1.000
		Sig.（双侧）	.	.
		N	566	566

通过表 6 - 23 可知，班级规模与学生群体性的 Kendall τ 相关系数和 Spearman 相关系数分别为 − 0.454 和 − 0.467，并且在显著性水平 α 为 0.05 时，认为班级规模与学生群体性呈现弱负相关。

五、班级规模与管理方式的相关性分析

班级规模与教师的班级管理方式也有明显的相关性。在本研究的调研访谈中可以清晰地感受到，班级规模较小班级的教师会更多地采用民主管理的方式，他们更加强调给学生班级管理的自主权，尤其是班主任老师在日常的班级管理中会授权班干部进行自主的班级管理，而在班干部选举中，有的班主任老师甚至会自始至终完全将从选举规则的制定到选举活动的开展放手交给学生完成。当然，班级管理方式也会受到教师学生观点的影响，持有学生中心思想的教师会给学生更多的班级管理自主权，持有教师中心思想的教师会更加注重自己对班级管理的全方位掌控。不过，总体而言，班级规模较小时，班级管理方式是更加关注学生，教师会在全局上把握班级管理，给予学生较多的自主权。

六、中部地区班级规模与班级管理的相关性分析

经 Kendall 检验和 Spearman 检验（见表 6 - 24），显著性水平均大于 0.05，说明学生发展与班级规模不成线性相关。由图 6 - 31 可看出，21 ～ 25 人的班级规模中班级管理得分最高，20 人以下的班级规模中班级管理得分最低，班级管理效益随班级规模变化呈"马鞍形"分布。说明中等规模的班级规模（21 ～ 35 人）最有利于学生发展，班级人数过多或者过少都不利于班级管理。学生人数过多，学生差异性大，班级管理难以顾及每个学生的个性特点、兴趣和需要，导致管理效率较低，并且大规模班级内部容易形成"小帮派"，不利于学生和谐关系，影响班级文化氛围，不利于

班级的统一管理。班级人数太少，则难以发挥整体效益，班级工作的开展缺乏足够的动力，不易分工职责，导致管理效率较低。

表6-24　班级规模与班级管理的 Kendall 和 Spearman 相关系数

			班级规模等级	班级管理
Kendall 的 tau_b	班级规模等级	相关系数	1.000	.044
		Sig.（双侧）	.	-.368
		N	248	248
	班级管理	相关系数	.044	1.000
		Sig.（双侧）	-.368	.
		N	248	248
Spearman 的 rho	班级规模等级	相关系数	1.000	-.062
		Sig.（双侧）	.	.335
		N	248	248
	班级管理	相关系数	.062	1.000
		Sig.（双侧）	.335	.
		N	248	248

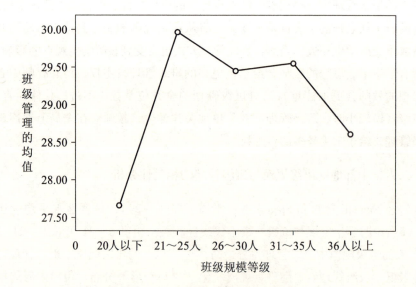

图6-31　不同班级规模的班级管理状况

综合本章的上述分析可以看到，在班级规模与班级管理的相关方面，无论影响程度的大小，班级规模与各个二级指标之间均呈现负相关关系，也就是说班级规模越小，越有利于班级管理，无论是从教师的角度看，班级规模较小时，其班级管理的工作负担更轻，还是从学生的视角看，班级规模较小时，其对班级管理的体验会更好，感觉班级管理更加平等与自由。

但是对比东部地区和中部地区班级规模对班级管理的影响，发现存在差异。在东部地区，班级规模越小，越有利于班级管理。而在中部地区，班级规模对班级管理的影响不能一概而论，班级规模过小过大均不利于班级管理，只有中等规模的班级最有利于班级管理。中等规模的班级既能发挥班级的集体效应，增强班级的凝聚力，又能充分发挥学生的积极性，照顾每个学生的差异特点。

第七章　学校适度规模研究及管理策略

关于班级规模的研究已历时数年，作为我国教育改革的先锋地，上海市在小班化教学方面取得了良好效果。作为班级规模集合体的学校，对其规模的研究尚存在不足。本研究通过实证研究，探讨目前上海市中等发展水平的初中学校的现有规模是过大还是过小；并综合学校规模对教育成本和收益的影响，依据学校发展的需求和实际情况，力图寻找当前上海市中等教育水平的初级中学成本与收益双优的适度学校规模，对当前的学校规模给出一定的调整建议和导向，以期在同类学校中得到认同和推广，这对于改善学校资源的利用率，减少浪费，并增加教育收益有重要意义。

关于学校规模经济的研究在我国一般局限于高等教育领域，本研究试图从微观层面探讨学校规模经济的可操作性，并在中等教育层面上探讨上海市中等教育水平的初级中学的学校规模经济，弥补了国内学校规模经济研究仅仅局限在高等教育层面的现状。另外，关于学校规模对教育收益的影响的研究在国内外的研究中明显不足，本研究试图从学校规模对在校学生非货币收益影响的视角，即研究学校规模对学生情感、态度、价值观的影响，研究学校规模对教育收益的影响，打破了以往仅仅从毕业生的就业及收入的角度衡量教育收益的局限。另外，本章在研究中，对于教育成本的核算，在研究假设的基础上，从总量的核算转变为数量的核算。这是实证研究的一大创新之处。同时，运用数理统计方法，分别建立学校规模与教育成本和教育收益的近似曲线模型，这也是定量研究在教育领域运用的一个较好尝试。

第一节　学校规模研究综述

一、国外学校规模研究综述

针对基础教育的薄弱状况，西方各国政府先后展开了一系列的教育变革，其中，学校规模的变迁问题一直都是微观教育领域内研究的重要内容。从研究内容上来看，国外学者主要探讨了学校规模与经济效率、学生成绩、教育公平等方面的关系，但是目前并没有得出公认的最适度学校规模，因而对于目前的学校规模是过大还是过小也一直没有达成一致性的结论。

从研究视角上看，国外学者主要从教育成本和教育收益两个角度探讨学校规模的大小。从教育成本的视角出发，学者普遍持规模经济的观点，故学校规模经济是企业规模经济的引申。在经济学中，"规模经济"是指伴随着企业组织生产规模的扩大，单位收入大于单位投入的现象。之所以会产生规模经济的现象，很大程度上是由于资源的使用效率伴随着生产规模的扩大得到了提高。学校作为一个组织，学者普遍认为规模经济的理论对其应同样适用，他们认为学校规模与教育成本（生均经费）的关系与企业规模与企业成本的关系一样，均呈倒 U 形曲线，在一定范围内，教育成本随学校规模的扩大逐渐降低，而超过这个规模，教育成本反而再次升高，这个学校规模（倒 U 形曲线的顶点）即教育成本最低的最适度学校规模。如库马尔（Kumar）、福克斯（Fox）、维利·戴维斯（Verry and Davies）和布什克曼·莱斯利（Brinkman and Leslie）等学者分别运用教育成本函数（education cost functions）对加拿大、美国和英国等发达国家进行了研究，证明在初等教育和中等教育以及高等教育中均存在规模经济[①]。美国的里依（Riew）、科恩（Kom）、奥斯泊恩（Osburn）等人研究中也都注意到了学校中规模经济的存在。关于规模经济的实证研究，在美国有 34 项研究发现，生均成本是一条 U 形平均成本曲线，超过一定的学生数，规模经济确实存在。并且在对高级中学适度规模的研究中，里依（Riew）、科恩（Kom）、奥斯泊恩（Osburn）分别得出了 1675 人、2244 人及 1850 人的结论。综合来看，在现有的教育条件下，美国高级中学的最佳学校规模在2000 人左右。但是乌拉圭的实证研究却没有证明学校组织中存在规模经济，即没有发现存在 U 形曲线的顶点[②]。因此，从目前的实证研究得出的结论中，不能完全肯定学校中存在规模经济。但是，多数研究的结论表明：在其他条件相同的情况下，学校规模越大，生均经费成本越低。只是有关最佳的学校规模，学者们尚未得出一致的结论[③]。另外，关于学校适度规

① 魏真：《学校规模经济研究述评》，《江苏教育研究》2010 年第 12 期。
② Zen Manchao. Cost Analysis for Educational Policymaking: A Review of Cost Studies in Education in Developing Countries [J]. Review of Educational Research, 1988 (2).
③ 魏真：《学校规模经济研究述评》，《江苏教育研究》2010 年第 12 期。

模的研究，国外学者还发现，不同层级的教育，其规模也不一样，如美国学者麦格菲（Carroll W. McGuffey）就发现美国南部大城市的中学和小学达到规模经济时，建筑设备的使用率是不同的①。

而从教育收益的角度，国外学者主要研究学校规模对课程选择、学生学业成绩、学生参与和公平分配学习的影响等这几个方面。他们认为学校规模与学生成绩呈线性关系，即研究结论单一地支持小规模或大规模的学校，如埃伯特（Eberts）研究了在 1978 年美国政府机构收集的 14000 名四年级学生一年之内的数学成绩得出结论：小规模学校的学生的数学成绩明显高于在中等规模或大规模学校的学生的成绩，中等规模学校的学生的数学成绩明显高于在大规模学校的学生的成绩②。库兹埃姆科（Kuziemko）在印第安纳州进行的研究也证明了学校规模越小，学生成绩越好的类似结论。而本尼特（Barnett）和他的同事的研究结果却正好相反：他们使用在英国通常使用的中学生成绩测量方法考了了学校规模、学生成就和学校成本之间的关系，得出当成本被限制时，较大规模学校的学生成绩表现优于较小规模学校的学生成绩。从实证及实践角度来看，近年来缩小学校规模成为西方发达国家教育改革的重要举措。20 世纪 80 年代以来，美国中等学校普遍呈现学校规模缩小趋势，部分地区还兴起了中等学校"小学校化"运动，许多大规模的高中都试着拆分为小学校③。很多学者认为在规模较大的学校，不便于教师对学生的管理，甚至于不认识学生，不能对学生做到足够的关注和爱护，而行政机构也会出现管理僵化，决策困难等问题，因而目前在美国学校规模的研究中，"小的就是好的"的理论已经成主流观点。虽然关于中等学校适度规模的研究没有得出公认的结论，且变化幅度较大，在 300 ～ 900 人，但是美国卡耐基基金会和国家中学校长联合会曾发表联合声明称，高级中学在校生规模最好在 600 人以下④。总结美国对于高级中学学校规模的研究来看，理论界普遍认同学校适度规模的存在，并且更加趋向于认同小型化学校，缩小学校规模成为美国 90 年代以来新一轮教育变革的重要举措。这样的观点在日本同样被得到认可。

20 世纪 80 年代，日本在基础教育改革方案中提出要拆分规模过大的学校。他们认为如果班级数大于 31 个，那么学校的规模就被视为过大，则会被

① 靳希斌：《教育经济学》，北京，人民教育出版社，2009。

② 王鑫、章婧：《西方中小学学校规模的实证研究综述》，《浙江社会科学》，2010 第 8 期。

③ 万明钢、白亮：《"规模效益"抑或"公平正义"——农村学校布局调整中"巨型学校"现象思考》，《教育研究》，2010 年第 4 期。

④ 马晓强：《关于我国普通高中教育办学规模的几个问题》，《教育与经济》2003 年第 3 期。

要求拆分或者撤销此类学校或作其他处理。日本政府计划从 1986 年起，通过 5 年的时间逐渐消除规模过大的学校，并增加相应的用地补助给学校，以帮助规模过大的中小学迅速减少。他们将班级的人数定为 40～45 人，按一个学校最大 30 个班级计算，中小学的学校规模控制在 1200～1400 人，当然这个规模还是明显大于美国 600 人的标准。但是日本"从 1980 年到 1987 年间，规模过大学校的比例从 7% 减少到 3.5%"[1]，取得了明显的效果。

从研究方法上看，国外学者主要是运用数理统计方法。研究学校规模经济的学者通过计量经济模型从实际数据来估算成本，并以此来确定是否存在规模经济，使用的模型主要是成本函数。而研究学校规模与学生成绩关系的学者主要是通过抽样调查获得不同规模下学生的成绩资料，以此来确定最适度学校规模。

二、国内学校规模研究综述

我国学者对于学校规模的研究也主要从规模经济的视角出发。最初的研究仅仅是在理论上论述规模经济应该是存在的，并没有实证验证。如靳希斌教授认为，"教育资源具有整体性和不可分性"[2]，即学校的很多资源必须同时投入与使用，教室中必须既有课桌椅，又有多媒体教学设备，同时还要有各种教科书和授课的教师，才能保证正常教学；并且"某些资源和设备的购置和使用必须是一个自然单位，不能将其分割使用，例如教室不可能只建半间，教师也不可能只聘任半个人"[3]。根据靳希斌教授有关"教育资源的整体性和不可分性"可得出较大的学校规模有利于教育资源的利用率，优化资源配置，提高教师的专业化和分工程度，从而达到降低教育成本的目的。而厉以宁教授认为，"学校规模过大会带来管理费用增加、机构臃肿协调不畅、增加人事纠纷、组织灵活度下降、管理效率低下等问题"[4]。这又说明学校规模的扩大也不是无限度的，即在资源有效利用和组织机构臃肿、管理效率降低之间应当存在一个适度的学校规模。

近来对学校规模经济的理论研究又有了新的进展，很多学者认为学校规模不再单纯以在校生数量为唯一指标。处于不同经济发展水平的学校，在教育投入和教育技术条件不同的情况下，其学校的适度规模是不同的。

---

[1] 日本时事通讯社：《内外教育》，1998 年 2 月 5 日。

[2] 靳希斌：《教育经济学》，北京，人民教育出版社，2009。

[3] 靳希斌：《教育经济学》，北京，人民教育出版社，2009。

[4] 厉以宁：《教育经济学研究》，上海，上海人民出版社，1998。

如王善迈教授就对"学校的适度规模"的概念做了新的诠释，他认为"当学校的学生和教师（包括职工）及各项物资设备之间的比例构成处于最佳状态时，这时的规模就是这个学校的适度规模。这个适度规模包括教师的适度规模、设备的适度规模，以及学生的适度规模"①。他还提出了学校规模计算的方法，即"学生适度规模的确定则取决于教师规模和师生比例以及学校的设备规模。教师的规模是已知的，且适度规模下的教师需要量和配套设置时可以根据教学计划算出来的，如可以将课时最少的学科教师需要量定为1，其他学科按其在教学计划中所占课时数及学科特点来确定所需教师的合理比值，进而算出全校所需教师的总量，这就是最小规模的合理教师配置数，我们称其为第一适度规模教师需要量。当然，也可根据教学计划，将最少的学科教师需要量定为2，其他学科教师数按比例增加，可称其为第二适度规模教师需要量，依此类推，还可有第三适度规模教师配置量等。然后再根据已知的教师规模和设备规模来进行学生适度规模数的推理和确定"②。而靳希斌教授通过定性分析得出了"学校规模经济产生的三个条件"，即"教育资源的充分利用，教育资源的适当运用及规模扩大但不衍生不经济缺陷"③，这也从另一个方面说明处于不同条件下的学校，其学校规模是不同的。他认为学校规模如果过小就会使学校资源利用不够充分，不会达到规模经济，但教育规模的扩大又具有有限性，所以规模过大也不一定是规模经济。两位学者虽均未就如何确定学校的适度规模给出具体细致的方法和策略，但却运用经济学和管理学的知识从理论层面论证了学校规模经济的存在，并对学校规模经济的实质作了较为透彻的分析，值得我们学习和借鉴④。

最早开始实证研究并通过数据证明学校规模经济存在的是台湾学者林文达教授，他对台湾21所中学的学校规模资料进行了研究分析，发现台湾中学的适度规模是1800～2200人，在台北市则是2200～2400人⑤，这也进一步证明了在不同的经济社会背景下，学校的适度规模是不同的。另一位台湾学者林淑贞对1963年以前成立的全台北市46所中学进行了学校规模的研究，发现市区学校的平均学校规模明显大于城镇或郊区，在46所被研究的中学中，其中有32所位于市区，而这32所中学的规模均大于1500人，三分之二的学校规模大于2500人，三分之一的学校规模在3000人以

① 王善迈：《教育经济学概论》，北京，北京师范大学出版社，1989。

② 王善迈：《教育经济学概论》，北京，北京师范大学出版社，1989。

③ 靳希斌：《教育经济学》，北京，人民教育出版社，2009。

④ 路宏：《关于学校规模经济的研究综述》，《中国农业教育》2006年第3期。

⑤ 林文达：《教育经济学》，台北，三民书局，1984。

上，甚至有 3 所学校规模超过了 4000 人，而这 3 所学校的运作正常①。所以，林淑贞的研究比较支持大规模学校，她认为中学的规模可超过 4000 人，同时城市和郊区的学校规模是不同的。大陆学者对于学校规模的实证研究起源于高等教育的办学规模视角，学者普遍认为我国的高等教育没有达到规模经济的范围，北京大学的闵维方教授等 1990 年年初采用回归的方法对我国高等学校生均成本与学校规模之间关系做了分析，得出了高等教育的生均成本随着学校规模的扩大和生师比的提高而下降的结论②，这也是我国自 1999 年来高校扩招的一个重要原因。近年来，对于学校规模的研究开始涉足义务教育阶段，王玉昆于 1997 年对北京东城区的 27 所普通中学的规模与办学效益进行了相关分析，得出调研的 27 所普通中学中最大的学校为 2195 人，最小的学校为 570 人，平均学校规模为 1316 人。"学校规模与办学效益呈显著正相关（$r = 0.345$），说明在 2195 人以下的学校中，学校规模越大，办学效益越高"③。另外还有研究表明，在中小学中，如果不考虑实验室等其他因素，仅根据师资配备情况来确定学校的最适度规模，小学及初级中学以每个年级 8 个班为佳，高级中学以每个年级 6 个班为宜④。这个研究事实上没有给出学校的确定规模，因为每个班的适度规模并没有给出，而学者刘宝超的研究结论更具有现实性，他从提高教育资源使用效率的视角，认为"小学以每校 18 ～ 24 班，每班 40 ～ 45 人，全校 720 1810 人为宜；中学以每校 24 ～ 30 班，每班 40 ～ 50 人，全校 1350 ～ 1500 人为宜"⑤。还有的学者根据大陆教育发展水平不平衡的实际情况，提出普通高中教育合理的办学规模"普通高中学校控制在 1400 人左右，城市及县镇高中可扩大为 1500 人，农村高中应控制在 1000 人左右"⑥。另外，近年来随着教育水平和经济水平的不断提高，我国的学校规模有逐渐减小的趋势，所以新的实证研究有必要进行。最新的研究要数杨晓霞、郭万利通过对广州市黄埔区 21 所学校的生均教育成本、生均办学条件、生师比，以及学校招生地段内户籍人口数的实证研究，推算出广州市黄埔区公办小

① 魏真：《学校规模经济研究述评》，《江苏教育研究》2010 年第 12 期。
② 闵维方等：《高等院校系和专业的规模效益研究》，《教育研究》1995 年第 7 期。
③ 王玉昆：《普通中学办学效益分析》，《中小学管理》1997 年第 6 期。
④ 于启新等：《学校规模优化方法及应用研究》，《教育研究》1999 年第 8 期。
⑤ 刘宝超：《关于教育资源浪费的思考》，《教育与经济》1997 年第 3 期。
⑥ 马晓强：《关于我国普通高中教育办学规模的几个问题》，《教育与经济》2003 年第 3 期。

学的最适办学规模及最适度班额①。他们认为需要通过学校的撤销、合并等措施，将过大的学校拆分，过小的学校合并，使大部分学校都能达到适度规模，取得教育资源的最优配置②。

从研究方法上来讲，定量与定性的分析方法在我国学校规模经济的研究中均占重要地位。

三、国内外学校规模研究述评

综合国内外对学校规模的研究可以发现，从规模经济的视角研究学校规模与教育成本的关系在国内外的研究中均占很大比重，学者不但在理论上证明了学校规模经济的存在，还进一步通过实证研究得出不同学校的适度规模。另外，关于学校规模与学生学业成绩、教育公平的关系的研究成为近年来国外学者关注的重点，但对于扩大还是缩小学校规模并未达成统一的观点。国内近年来在学校规模方面的研究进展主要表现为衡量学校规模的指标的改变，有学者认为不应再单纯以在校生数量作为衡量学校规模的唯一标准，但是这还没有得到普遍的认同，但是的确可以证明处于不同经济发展水平的学校，在教育投入和教育技术水平不同的情况下，其学校的适度规模是不同的。从实证的角度来讲，在不同的经济水平和不同层级教育间，国内外学者得出的学校适度规模都差别较大，以普通完全中学为例，在国外得出的最佳规模在2000人左右，而在国内却只有1500人，数据差别有500人之多，这其实与国内外学校所处的教育水平条件不同有很大关系，而随着经济的发展，教育技术水平又发生了很大的变化，以往得出的最适度学校规模在当下的技术水平下显然是不适用的，那么按照过去的理论来调整学校规模显然是有问题的。上海市作为全国教育的先锋地，其教育水平在全国屈指可数，而丰富的教育资源能否得到最优的使用是当前学者关注的重点。因此有必要在借鉴前人各种理论与实践研究的基础上，对上海市的各级各类教育的适度学校规模进行更符合其当前经济水平、教育水平的研究，本章正是在这种观点的基础上，进行进一步的理论和实证研究，期待对适度学校规模的研究有新的突破。

---

① 杨晓霞、郭万利：《最适办学规模分析——以广州市黄埔区为例》，《广州大学学报》2010年第11期。

② 杨晓霞、郭万利：《最适办学规模分析——以广州市黄埔区为例》，《广州大学学校》2010年第11期。

第二节　研究设计

一、研究目标

本研究分别从教育成本和教育收益两个视角探讨上海市中等教育水平的初级中学的学校规模，并力求得出既降低成本又提高收益的适度学校规模：从规模经济的理论出发，通过调研构建学校规模与教育成本的近似曲线模型，并通过专家咨询等方式选取满足较低教育成本的学校规模区间；从教育收益的视角出发，通过调研构建学校规模与教育收益的近似曲线模型，选取满足较高教育收益的学校规模区间；分析得出的两个学校规模区间，综合学校规模对教育成本和收益的影响，依据学校发展的需求和实际情况（是受经济条件限制教育投入明显不足，还是经济条件优越希望更好地提高学校的教学水平），得出当前上海市中等教育水平的初级中学成本与收益双优的适度学校规模区间，对当前的学校规模给出一定的调整建议和导向。

二、研究假设

本研究是在立足于以下几点假设展开的。

① 学校作为一种组织，经济学中的相关理论可以应用。在本研究中，用到了大量经济学中的理论，如规模经济理论、成本理论、收益理论等，本研究的成功必须基于这些经济学理论均能运用于教育组织。之所以做这样的假设，是因为国内外众多教育经济学家在研究时均尝试将经济学理论运用到教育研究中。

② 教育成本与教育收益都与学校规模相关。在以往的研究中，很多学者关注了教育成本与学校规模的关系，却很少对教育收益是否与学校规模相关做研究，但在本研究将做这样的尝试，则必须假设教育收益也与学校规模相关。当然，做这样的假设并非空穴来风，无中生有。首先，基于收益研究与成本研究的相似性，既然教育成本与学校规模相关，推断教育收益也可能与学校规模相关；其次，国内外已有大量教育收益与班级规模相关的研究，作为班级集合的学校，也应当与教育收益相关。

③ 教育的成本不但可以用货币度量，还可以用非货币的形式表示。关于教育成本的度量问题，很多学者做过研究，大部分是以货币的形式，但是考虑到本研究的实际情况，有许多直接的数据很难获得，如学校每个实

验室的价值、体育场塑胶跑道折旧率等。而通过文献的梳理可知，也有很多学者的研究证明，采用非货币形式进行教育成本的度量也是可行的。如王善迈教授就曾在研究学校规模时，假定将课时最少的学科教师需要量定为1，其他学科教师按照课时比例确定为课时最少学科教师的倍数来核算全校教师的总量。本研究在进行教育成本与学校规模的关系时将会采用这样的核算方式。

④ 教育收益发生在教育过程中和教育结束后。以往大多数实验都是将毕业生毕业后的收入和劳动生产率作为教育收益的核算指标，忽视了在校生的情感、态度等也可以作为收益的指标，即可以在教育发生的过程中对教育收益进行计算。在本书中，由于研究的学生为在校的初级中学学生，对于他们日后的毕业收入和劳动生产率我们现在无从测量，将会选取在校生的情感、态度等作为测量指标，当然指标的量化问题将是研究的一大创新和难点。

⑤ 存在多个教育技术水平、生源及学校周围的经济水平基本相同的样本学校。做这样的假设和设计基于这样的原因：事实上，在测算学校规模对于教育成本或收益的影响时，应当是控制一所学校不变，通过不断调整这一所学校的在校生数，得出这一所学校在其他条件不变的情况下，只改变学校规模，教育成本或收益会发生何种变化，从而找出最适度学校规模。然而在现实中，这种实验条件是不能实现的，我们还无法因为一个实验去随便改变一所学校的在校生数，这既影响学校正常的教学秩序，对于学生也是极其不公平的。但是为了实验的准确性，只能选择教育水平、生源及学校周围经济水平基本相同的几所不同规模的学校，这样基本可以保证这些学校除了规模不同外，其他条件均相同，可看作在不同规模下的一所学校。

⑥ 教师的工资与教师的职称、学历、教龄等直接相关。教师的工资受多种因素影响，除不可直接测量的教学态度、教学情感、对学生的关爱度等外，应当直接受到其职称、学历和教龄的影响。

⑦ 指标的可量化性。对于情感、态度这些收益，我们无法像货币一样用多少来表示，但是可以通过赋值的方式用量化的数字来表示调查者的观点。

三、研究内容

本研究包括以下内容。

① 通过文献资料的收集、整理，了解目前国内外对于学校适度规模及教育成本和教育收益问题的研究现状、成果与动态；通过国际比较，借鉴

国外先进经验，总结其教训和不足，并在本研究中力求避免其不足之处。

② 了解规模经济及学校规模经济的相关理论及成果；了解成本和收益理论及教育成本和教育收益的相关理论及研究。

③ 根据教育成本及教育收益包含的基本内容，初步构建学校适度规模的测算指标体系，包括教育成本指标体系和教育收益指标体系，并在成本和收益指标体系的基础上编制访谈提纲及调查问卷。

④ 针对选择的样本学校，通过问卷、访谈等方法了解其学校规模和教育投入状况（教育成本）及教学效果现状（教育收益）。

⑤ 根据调研结果，分别构建学校规模与教育成本和收益的近似曲线模型，采用专家咨询等方式分别选取较低成本和较高收益的学校规模区间；分析得出的两个学校规模区间，求出公共学校规模区间。

⑥ 综合学校规模对教育成本和收益的影响，依据学校发展的需求和实际情况（是受经济条件限制教育投入明显不足，还是经济条件优越希望更好地提高学校的教学水平），得出当前上海市中等教育水平的初级中学成本与收益双优的适度学校规模区间，对当前的学校规模给出一定的调整建议和导向。

四、研究思路和预设

（一）研究思路

本研究的思路分为以下几个步骤（见图 7 – 1）。

① 确定研究的范围与主题，通过文献资料的收集、整理，了解目前国内外关于学校规模及教育成本和教育收益问题的研究现状、相关理论、成果与动态，并分别形成文献综述，发现国内外研究的经验与不足及本研究可能出现的各类问题。

② 根据理论研究，确定本研究将采用的各种技术手段及方法，预测研究中将遇到的难点，寻求解决方案，并根据研究假设，选取合适研究样本。

③ 分别设计教育成本和教育收益指标体系，编制访谈提纲及问卷；通过专家咨询会论证指标及访谈提纲、问卷的信度和效度。

④ 针对选择的样本学校，通过问卷、访谈等方法调查其学校规模与教育成本及教育收益的现状。

⑤ 对问卷进行回收、整理及分析，分别得出学校规模与教育成本和教育收益的近似曲线模型，分别选取较低成本和较高收益的学校规模区间，得出既可满足较低成本又能满足较高收益的公共规模区间。

⑥ 综合学校规模对教育成本和收益的影响，依据学校发展的需求和实际情况（是受经济条件限制教育投入明显不足，还是经济条件优越希望更好地提高学校的教学水平），得出当前上海市中等教育水平的初级中学成本与收益双优的适度学校规模区间。

⑦ 根据研究结果及当前上海市中等教育水平的初级中学的实际情况，提出相关建议，并总结研究的不足之处。

图 7-1 为研究思路的流程图，其中流程图主干为研究的具体步骤，侧枝部分为针对具体步骤的解决方案。

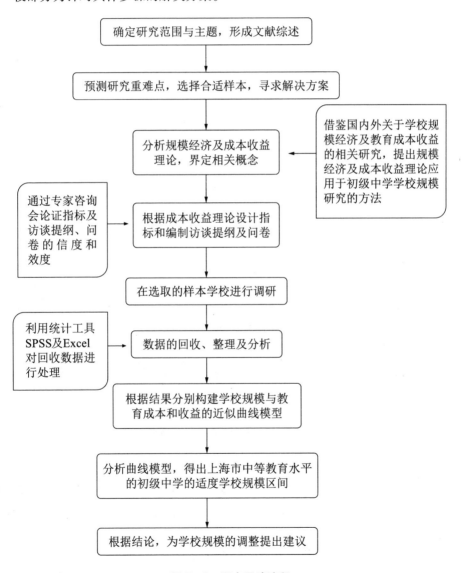

图 7-1 研究思路流程

（二）研究预设

根据研究预设将得到教育成本和教育收益这两幅近似曲线模型（见图 7 -2、图 7 -3）。

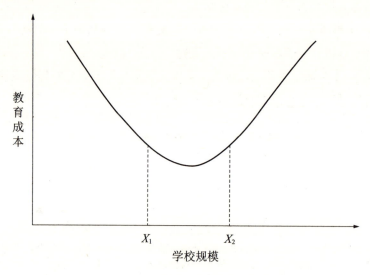

图 7 - 2 学校规模与教育成本的近似曲线模型

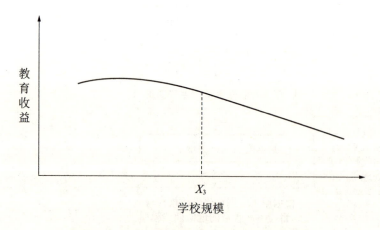

图 7 - 3 学校规模与教育收益的近似曲线模型

图 7 - 2 为学校规模与教育成本的近似函数模型，在关于二次曲线对称轴两侧取教育成本较低的一个学校规模区间 $[X_1, X_2]$（其中 X_1、X_2 关于二次曲线对称轴对称）；图 7 - 3 为学校规模与教育收益的近似函数曲线模型，取教育收益还未急剧下降的学校规模区间 $[0, X_3]$。在研究假设成立的情况下，两个区间应该有公共区间存在，即 $[X_1, X_3]$，此区间即为既能满足教育成本较低又能满足教育收益较高的学校适度规模区间。如果通

过实证研究不存在满足条件的适度学校规模区间，则应根据学校的实际情况（是受经济条件限制教育投入明显不足，还是经济条件优越希望更好地提高学校的教学水平）给出合理的意见。

五、抽样设计

在前述抽样的基础上，为了增加研究样本的数量，本研究增加选择了上海市 P 区、C 区和 M 区这 3 个区中符合研究假设的 6 所实验学校作为研究样本，将样本数量增加为 7 所实验学校。并根据教育成本和收益指标体系编制了访谈提纲和调查问卷，由于时间及其他因素的限制，不可能对实验学校的所有个体进行调查，故而做出如下抽样设计。

根据 7 所学校的规模及班级设置，得出班级人数的平均数，计划在每所学校的每个年级选取一个班进行问卷发放，计算预计发放问卷总数为 666 份，实际发放 651 份，有效回收问卷 610 份，有效回收率为 93.7%，其中有效问卷为 516 份，占有效回收问卷的 84.6%。访谈提纲的访谈对象为 7 所学校的校长或副校长，针对特殊问题，如图书馆馆藏图书量、开放时间、开架率及借阅率等将咨询学校专职教师。

第三节　学校规模对教育成本的影响

对于教育成本访谈问卷的处理，根据实验假设和样本选择，本研究只做不同类别教育成本数量的核算（不能将所有教育成本加和）与学校规模的关系研究（每一类别教育成本的单价不同）。因而本研究将教育成本指标体系中的每一类别成本作为数据处理的单位，最后综合考虑各类教育成本的适度学校规模得出较为全面的低成本规模。这样的研究方式被称为匡算法或模糊计算法，尽管不如一般的精确计算方式准确，但同时由于多次计算，一定程度上可以降低因一次计算而引起的误差。

同时，根据对教育成本指标的分析，对于物质成本指标体系下的二级指标流动资产成本不做分析研究（详见有关教育成本指标的分析）。而考虑到某些成本的相近性（如生均体育场面积和生均体育馆数目），研究将做部分组合处理。

以下为数据处理的结果及分别构建的学校规模、不同类别教育成本的曲线模型图及影响分析。

一、学校规模对物质成本的影响

从图 7-4 及表数据处理的结果可以看出，学校规模与生均占地面积近似呈现多项式二次函数关系。函数表达式为 $Y = (3.6E-5)X^2 - 0.62X + 42.2$，这符合规模经济理论中教育成本与学校规模呈现倒 U 形曲线的观点，从图表得出使得生均占地面积最小的最适度学校规模值为 750 人左右。从表 7-1 回归方程的拟合优度检验得出 $R^2 = 0.929$，非常接近 1，说明此回归方程能够很好地解释样本数据的密集程度。而从表 7-2 回归方程的显著性检验得出的概率 P 值为 0.005，明显小于 α，说明回归方程对样本数据具有显著贡献和代表性，可以选取二次函数曲线作为曲线模型。表 7-3 主要是对二次函数曲线模型的系数分别进行显著性检验，概率 P 值分别为 0.003 和 0.004，也均小于显著性水平 α，通过以上分析得出此回归方程是合理的。

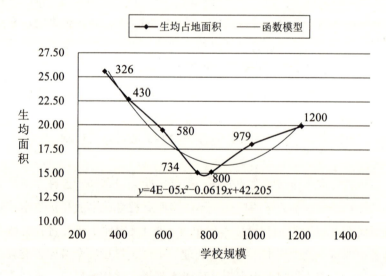

图 7-4　学校规模与生均占地面积的关系

表 7-1　回归方程的拟合优度检验（生均占地面积）

Model Summary

R	R Square	Adjusted R Square	Std. Error of the Estimate
.964	.929	.894	1.246

说明：以"学校规模"为自变量。

表7-2　回归方程的显著性检验（生均占地面积）

ANOVA

	Sum of Squares	df	Mean Square	F	Sig.
Regression	81.317	2	40.658	26.172	.005
Residual	6.214	4	1.554		
Total	87.531	6			

说明：以"学校规模"为自变量。

表7-3　回归系数的显著性检验（生均占地面积）

Coefficients

	Unstandardized Coefficients		Standardized Coefficients	t	Sig.
	B	Std. Error	Beta		
学校规模	-.062	.009	-4.967	-6.568	.003
学校规模**2	3.645E-5	.000	4.485	5.931	.004
(Constant)	42.205	3.267		12.920	.000

　　根据曲线模型则可以选取适度的学校规模区间使得生均占地面积达到较小，这里选取使得生均占地面积低于17.50的区间，即650～900人的规模作为使得生均占地面积成本较低的适度学校规模区间（见图7-5）。

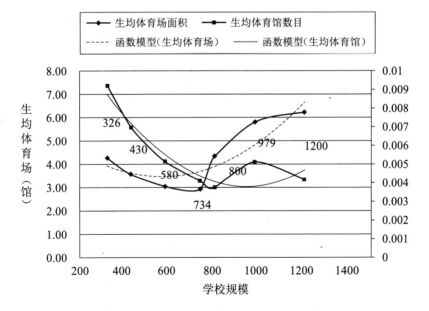

图7-5　学校规模与生均体育场（馆）的关系

表7-4　回归方程的拟合优度检验（生均体育馆数目）

Model Summary

R	R Square	Adjusted R Square	Std. Error of the Estimate
.883	.780	.670	.740

说明：以"学校规模"为自变量。

表7-5　回归方程的显著性检验（生均体育馆数目）

ANOVA

	Sum of Squares	df	Mean Square	F	Sig.
Regression	7.752	2	3.876	7.081	.049
Residual	2.189	4	.547		
Total	9.941	6			

说明：以"学校规模"为自变量。

表7-6　回归系数的显著性检验（生均体育馆数目）

Coefficients

	Unstandardized Coefficients		Standardized Coefficients	t	Sig.
	B	Std. Error	Beta		
学校规模	-.009	.006	-2.136	-1.604	.184
学校规模**2	7.948E-6	.000	2.902	2.179	.095
（Constant）	6.012	1.939		3.100	.036

表7-7　回归方程的拟合优度检验（生均体育场面积）

Model Summary

R	R Square	Adjusted R Square	Std. Error of the Estimate
.945	.893	.839	.001

说明：以"学校规模"为自变量。

表7-8　回归方程的显著性检验（生均体育场面积）

ANOVA

	Sum of Squares	df	Mean Square	F	Sig.
Regression	.000	2	.000	16.653	.011
Residual	.000	4	.000		
Total	.000	6			

说明：以"学校规模"为自变量。

表7－9　回归系数的显著性检验（生均体育场面积）

Coefficients

	Unstandardized Coefficients		Standardized Coefficients	t	Sig.
	B	Std. Error	Beta		
学校规模	－2.480E－5	.000	－3.881	－4.176	.014
学校规模＊＊2	1.320E－8	.000	3.168	.	.
（Constant）	.015	.002		7.512	.002

从以上表数据处理的结果可以看出，学校规模与生均体育场（馆）的关系也符合倒 U 形曲线关系，但是两者存在一定的区别：从两个回归方程的拟合优度检验来看，学校规模与生均体育馆数目的回归方程的拟合优度检验 R^2 值为 0.780，小于学校规模与生均体育场面积的回归方程的拟合优度检验 R^2 值 0.893，而其回归方程的显著性检验得出的概率 P 值为 0.049，接近 0.05 的临界值，也比学校规模与生均体育场面积的回归方程得出的概率 P 值为 0.011 大很多。而生均体育馆回归系数的显著性检验的概率 P 值大于显著性水平 α，而生均体育场面积的概率 P 值仅为 0.14。

以上分析充分说明，统计工具得出的最优的学校规模与生均体育馆数目的函数模型对于散点曲线不具有较强的贡献性，而得出的最优的学校规模与生均体育场面积的函数模型更为合理，所以仅能通过散点图来对较低的生均体育馆成本下的适度学校规模做出判断。另外，从图 7－5 中还可以明显看出的是学校规模与生均体育场面积的曲线模型的最低点比较靠前，在 600 人左右；而学校规模与生均体育馆的曲线模型的最低点在 1000 人左右，这个范围差别还是比较大的。

对于两个同为学生强身健体的教育成本投入，存在两个如此大的区别，本研究通过电话回访样本学校和查阅相关资料，得到这样的可能原因：初级中学的体育课安排时间一般为每周某天的第 5 节或第 6 节课，而且是全年级几个班甚至几个年级共同上课，这使得体育场的利用集中在某一个时间段，使其承载量在一个短时间内突然上升，而体育馆的使用则是根据体育课教授特色课程的安排，各班级交替使用，使其承载量得到分流。从这个分析来看，学校的课程安排如果合理，可以有效地提升学校资源的利用率，优化资源配置情况，减少拥堵现象，并降低成本。

综合以上分析，本研究将选取 600～1000 人作为使得生均体育场（馆）成本较低的适度学校规模。

图 7 - 6 及表 7 - 10 ～表 7 - 12 展示的是学校规模与生均图书数量的关系，从曲线的形状及得出的回归方程可以看出，生均图书数量与学校规模的关系为线性关系，并且通过拟合优度检验得到的 R^2 值也是非常大的，为 0.979，而不管是方程的显著性检验还是系数的显著性检验，概率 P 值都几乎为 0，说明此函数模型可以非常好地代表样本数据的特征。同时，根据曲线和函数模型，生均图书数量是随学校规模的增大明显降低的，从这个角度分析，应该是学校规模越大，花在图书上的成本就越低。但是这样就会存在两个问题，首先是学校规模不可能无限度增大，就目前上海市初级中学的基本情况来看，很少有独立初级中学的人数超过 1500 人；而考虑到其他的成本，这样做也是不现实的，因为毕竟图书的成本单价要远远低于体育馆、计算机等资产成本。另外，如果学生人数过多而使得生均图书数量较小，则会影响图书馆的开架率以及学生学习的积极性。综合以上分析，本研究将影响生均图书数量的适度学校规模定为 700 ～ 1000 人，根据回归方程可知相应的生均图书数量为 40 ～ 50 本。

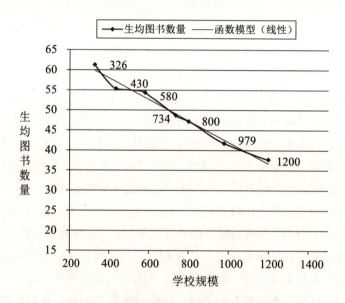

图 7 - 6   学校规模与生均图书数量的关系

表 7 - 10   回归方程的拟合优度检验（生均图书数量）

Model Summary

R	R Square	Adjusted R Square	Std. Error of the Estimate
.990	.979	.975	1.290

说明：以"学校规模"为自变量。

表7-11　回归方程的显著性检验（生均图书数量）

ANOVA

	Sum of Squares	df	Mean Square	F	Sig.
Regression	393.986	1	393.986	236.880	.000
Residual	8.316	5	1.663		
Total	402.302	6			

说明：以"学校规模"为自变量。

表7-12　回归系数的显著性检验（生均图书数量）

Coefficients

	Unstandardized Coefficients		Standardized Coefficients	t	Sig.
	B	Std. Error	Beta		
学校规模	-.026	.002	-.990	-15.391	.000
（Constant）	68.634	1.332		51.522	.000

　　本研究核算的计算机包括每间教室的多媒体教学用计算机以及微机教室的信息技术授课计算机，不包括学校教师工作用的计算机（此数目基本与教师总数相同，可从生师比关系模型体现）。从图7-7及表7-13～表7-15可以看出，生均计算机数目与学校规模的关系既非线性函数曲线，也非倒 U 形函数曲线，而是成多项式三次函数曲线，方程为 $Y = (-8E-10)X^3 + (2E-6)X^2 - 0.002X + 0.493$，且经过回归方程的拟合优度检验 R^2 为

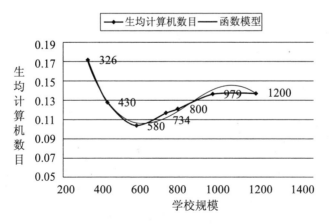

图7-7　学校规模与生均计算机数目的关系

0.980，方程和系数的显著性检验得出的概率 P 值也都小于显著性水平 α，此曲线模型对于样本数据的代表性是很好的。根据三次函数图像特征，在大于1200的区间内还应该存在一个使得生均计算机成本较低的规模，由于现实情况下学校规模的限制性，本研究只选取第一个较低成本的规模范围，即430～900人的学校规模。

表 7 - 13　回归方程的拟合优度检验（生均计算机数目）

Model Summary

R	R Square	Adjusted R Square	Std. Error of the Estimate
.990	.980	.959	.004

说明：以"学校规模"为自变量。

表 7 - 14　回归方程的显著性检验（生均计算机数目）

ANOVA

	Sum of Squares	df	Mean Square	F	Sig.
Regression	.003	3	.001	48.006	.005
Residual	.000	3	.000		
Total	.003	6			

说明：以"学校规模"为自变量。

表 7 - 15　回归系数的显著性检验（生均计算机数目）

Coefficients

	Unstandardized Coefficients		Standardized Coefficients	t	Sig.
	B	Std. Error	Beta		
学校规模	-.002	.000	-22.087	-9.224	.003
学校规模 ** 2	1.983E - 6	.000	43.221	8.336	.004
学校规模 ** 3	-7.796E - 10	.000	-21.776	.	.
（Constant）	.493	.036		13.698	.001

图 7 - 8 中的实验室指的是学校中的理化生实验室、语音教室、拓展课程实验室及特色课程实验室等。图 7 - 8 表示的是学校规模与生均实验室的关系模型，同学校规模与生均计算机的关系模型一样，统计得出的也是多项式三次函数曲线，并且经过拟合优度检验、显著性检验均证明此函数模型对样本数据具有很好的代表性。从这两个实例来看，学校规模是否与教育成本呈现规范的倒 U 形曲线关系的观点是值得商榷的，不过多项式三次

函数曲线在中心对称点左侧与二次函数的曲线模型具有很大的相似性。本研究从散点折线图的实际情况判断适度的学校规模。从图7-8来看，在学校规模小于1000人时，学校规模与生均实验室数目基本呈现倒U形曲线关系，而当学校规模大于1000人后，在一定范围内基本是一条与X轴平行的直线，即两者在学校规模大于1000人后的某个范围内基本无相关关系，生均实验室的数量不再随学校规模的变化发生改变。综合以上分析，使得生均实验室成本较低的适度学校规模为450～1200人。

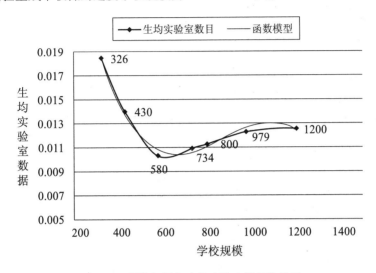

图7-8　学校规模与生均实验室数目的关系

表7-16　回归方程的拟合优度检验（生均实验室数目）

Model Summary

R	R Square	Adjusted R Square	Std. Error of the Estimate
.995	.989	.978	.000

说明：以"学校规模"为自变量。

表7-17　回归方程的显著性检验（生均实验室数目）

ANOVA

	Sum of Squares	df	Mean Square	F	Sig.
Regression	.000	3	.000	91.913	.002
Residual	.000	3	.000		
Total	.000	6			

说明：以"学校规模"为自变量。

表7-18　回归系数的显著性检验（生均实验室数目）

Coefficients

	Unstandardized Coefficients		Standardized Coefficients	t	Sig.
	B	Std. Error	Beta		
学校规模	.000	.000	−17.046	−9.803	.002
学校规模**2	1.842E−7	.000	31.549	8.379	.004
学校规模**3	−6.980E−11	.000	−15.321	.	.
（Constant）	.051	.003		15.321	.001

　　图7-9表示的是学校规模与生均会议室（包含接待类房间）数目的关系，从表7-21中可以看出，得出的函数模型为多项式二次函数关系，并经过各类检验表明函数模型具有较强的代表性，但是在目前的规模下还

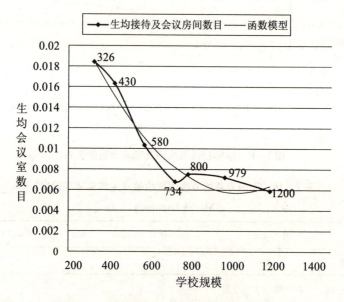

图7-9　学校规模与生均会议室数目的关系

未到达函数图像的最低点，即未出现倒U形曲线的顶点。在二次函数曲线顶点左侧，生均会议室的数量随着学校规模的增大是下降的，且下降速度较快。通过对原始数据的分析和观察发现，在7所样本学校中，会议室的数量差别是不大的，一般在5～7间，所以学校规模的扩大，可以有效地降低会议室成本，综合以上分析及图7-9的曲线模型，得出使生均会议室成本较低的适度学校规模为650～1200人。

表7-19 回归方程的拟合优度检验（生均会议室数目）

Model Summary

R	R Square	Adjusted R Square	Std. Error of the Estimate
.981	.962	.944	.001

说明：以"学校规模"为自变量。

表7-20 回归方程的显著性检验（生均会议室数目）

ANOVA

	Sum of Squares	df	Mean Square	F	Sig.
Regression	.000	2	.000	51.268	.001
Residual	.000	4	.000		
Total	.000	6			

说明：以"学校规模"为自变量。

表7-21 回归系数的显著性检验（生均会议室数目）

Coefficients

	Unstandardized Coefficients		Standardized Coefficients	t	Sig.
	B	Std. Error	Beta		
学校规模	−5.332E−5	.000	−3.252	−5.915	.004
学校规模 ** 2	2.570E−8	.000	2.405	.	.
（Constant）	.033	.003		10.677	.000

二、学校规模对人员成本的影响

从图7-10可见，学校规模与生师比的关系模型，从图中可得出这7所学校平均每个教师所带学生的人数在7～15人。统计工具给出了两个函数模型，分别为多项式二次函数和三次函数，并且根据表7-22～表7-27的拟合优度检验和显著性检验，两个函数模型均能够很好地代表样本数据的特征。出现这种情况的原因可能有两种：一是样本数据的范围集中在300～1200人，而这两类函数模型在此数据段上恰好相似度较高；二是样本数据不足，不足以排除其中一种函数模型。

另外，从图7-10中可以看出两种函数模型的最低点不同，二次函数曲线的成本最低点为900人，而三次函数为800人，在这一点从样本数据的真实分布看来，似乎三次函数的结论更为合理。

综合二次函数和三次函数模型及原始数据分布，得出生师比比较合理的适度学校规模为 560～1200 人。

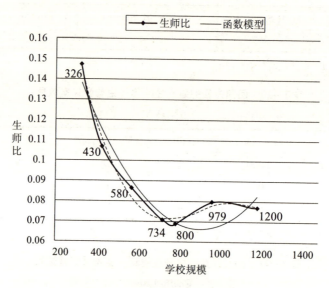

图 7 - 10　学校规模与生师比的关系

表 7 - 22　回归方程的拟合优度检验（生师比）二次函数

Model Summary

R	R Square	Adjusted R Square	Std. Error of the Estimate
.961	.923	.884	.009

说明：以"学校规模"为自变量。

表 7 - 23　回归方程的显著性检验（生师比）二次函数

ANOVA

	Sum of Squares	df	Mean Square	F	Sig.
Regression	.004	2	.002	23.911	.006
Residual	.000	4	.000		
Total	.005	6			

说明：以"学校规模"为自变量。

表 7 - 24 回归系数的显著性检验（生师比）二次函数

Coefficients

	Unstandardized Coefficients		Standardized Coefficients	t	Sig.
	B	Std. Error	Beta		
学校规模	.000	.000	− 4. 159	− 5. 275	.006
学校规模 **2	2. 063E − 7	.000	3. 473	4. 405	.012
（Constant）	.240	.025		9. 655	.001

表 7 - 25 回归方程的拟合优度检验（生师比）三次函数

Model Summary

R	R Square	Adjusted R Square	Std. Error of the Estimate
.994	.989	.977	.004

说明：以"学校规模"为自变量。

表 7 - 26 回归方程的显著性检验（生师比）三次函数

ANOVA

	Sum of Squares	df	Mean Square	F	Sig.
Regression	.005	3	.002	86. 780	.002
Residual	.000	3	.000		
Total	.005	6			

说明：以"学校规模"为自变量。

表 7 - 27 回归系数的显著性检验（生师比）三次函数

Coefficients

	Unstandardized Coefficients		Standardized Coefficients	t	Sig.
	B	Std. Error	Beta		
学校规模	− .001	.000	− 11. 463	− 6. 407	.008
学校规模 **2	1. 160E − 6	.000	19. 533	5. 042	.015
学校规模 **3	− 4. 156E − 10	.000	− 8. 967		
（Constant）	.378	.035		10. 847	.002

三、小结

根据以上数据处理的结果及构建的学校规模与各类别教育成本的关系

模型，可以得出以下结论。

第一，大部分的教育成本与学校规模的关系模型是符合规模经济理论中成本与规模呈倒 U 形曲线的观点的，不过不同类别的成本所呈现的凹凸程度有所不同，反映了其受学校规模影响的程度有所不同。

第二，并不是所有的教育成本与学校规模的关系都符合规模经济理论中的倒 U 形曲线关系，还可能呈现线性一次函数模型或多项式三次函数模型。原因可能有多种：一是此类别成本本身就不符合规模经济理论，而是呈现其他关系模型，如生均图书数量，生均计算机数目等；二是由于样本数据的范围集中在 300 ~ 1200 人，而这两类函数模型在此数据段上恰好相似度较高或是由于样本数据不足，不足以排除其中一种函数模型，如生师比。

第三，通过其他方式将某些教育教学设施的承载量分流，如课程结构的调整等，可以在规模确定的情况下降低成本。

第四，综合以上关于学校规模与各类教育成本的关系模型分析，得出使教育成本较低的学校规模区间为 700 ~ 900 人（见表 7 – 28）。

表 7 – 28　各类别教育成本得出的适度学校规模

项　目	适度学校规模
生均占地面积	[650，900]
生均体育场（馆）	[600，1000]
生均图书数量	[700，1000]
生均计算机数目	[430，900]
生均实验室数目	[450，1200]
生均会议室数目	[650，1200]
生师比	[560，1200]

第四节　学校规模对教育收益的影响

对于教育收益问卷的处理，本研究将教育收益指标体系的二级指标作为数据处理的单位，这样一方面避免因三级指标较多而出现过多的数据图表，另一方面也可进行同一二级指标下的三级指标的对照研究。以下为数据处理的结果及分别构建的学校规模与各教育收益的曲线模型图。

一、学校规模对学生学业成绩的影响

针对不同学校规模，学生的学业成绩情况（升学率、辍学率、优秀率及平均分），笔者通过访谈向各学校校长或主要行政人员做了了解：在7所不同规模但是教育技术水平接近的学校中，学校的升学率、辍学率基本相同，那么可以推断这两个指标受学校规模的影响不明显，而关于优秀率及平均分，笔者虽并未从校方得到比较明确的数据，但大多数校长或行政人员认为学校规模过大所带来的教学管理及学生关注度不足会导致学校的平均分及优秀率受到影响。很多校长的建议是初级中学的学校规模不要超过1000人。考虑到本研究实验学校的学校规模，将使学生学业成绩收益较高的学校规模定为300～1000人。

二、学校规模对学生生活态度的影响

图 7-11 及表 7-29 至表 7-40 表示的学校规模与生活态度的关系，从统计工具中得出的生活态度下的 4 个三级指标与学校规模的关系均为二次函数关系，分别为 $Y = (4.5E-6)X^2 - 0.005X + 2.585$（热爱生活），$Y = (4.7E-6)X^2 - 0.005X + 2.645$（乐于助人），$Y = (3.56E-6)X^2 - 0.004X + 2.318$（生活积极性），$Y = (4.32E-6)X^2 - 0.005X + 2.588$（活动创新性）。从函数表达式看，这 4 个指标与学校规模的关系有很大的相似性，回归方程的系数比较接近，而从图 7-11 中来看，曲线趋势差别也不大，这在一定程度上也验证了这 4 个三级指标的共同指向性。

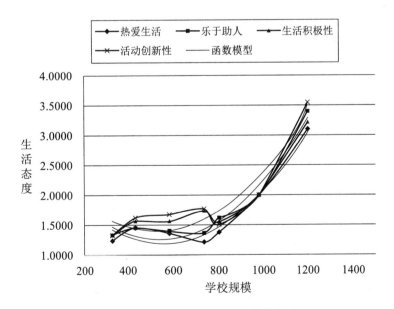

图 7-11　学校规模与生活态度的关系

表7-29 回归方程的拟合优度检验（热爱生活）

Model Summary

R	R Square	Adjusted R Square	Std. Error of the Estimate
.978	.957	.936	.172

说明：以"学校规模"为自变量。

表7-30 回归方程的显著性检验（热爱生活）

ANOVA

	Sum of Squares	df	Mean Square	F	Sig.
Regression	2.650	2	1.325	44.715	.002
Residual	.119	4	.030		
Total	2.768	6			

说明：以"学校规模"为自变量。

表7-31 回归系数的显著性检验（热爱生活）

Coefficients

	Unstandardized Coefficients		Standardized Coefficients	t	Sig.
	B	Std. Error	Beta		
学校规模	-0.005	.001	-2.258	-3.846	.018
学校规模**2	4.505E-6	.000	3.117	5.308	.006
（Constant）	2.585	.451		5.731	.005

表7-32 回归方程的拟合优度检验（乐于助人）

Model Summary

R	R Square	Adjusted R Square	Std. Error of the Estimate
.986	.972	.958	.152

说明：以"学校规模"为自变量。

表7-33 回归方程的显著性检验（乐于助人）

ANOVA

	Sum of Squares	df	Mean Square	F	Sig.
Regression	3.223	2	1.611	69.541	.001
Residual	.093	4	.023		
Total	3.316	6			

说明：以"学校规模"为自变量。

表 7 - 34　回归系数的显著性检验（乐于助人）

Coefficients

	Unstandardized Coefficients		Standardized Coefficients	t	Sig.
	B	Std. Error	Beta		
学校规模	− 0. 005	. 001	− 2. 109	− 4. 445	. 011
学校规模 ** 2	4. 729E − 6	. 000	2. 989	6. 300	. 003
（Constant）	2. 645	. 399		6. 630	. 003

表 7 - 35　回归方程的拟合优度检验（生活积极性）

Model Summary

R	R Square	Adjusted R Square	Std. Error of the Estimate
0. 965	0. 931	0. 896	0. 206

说明：以"学校规模"为自变量。

表 7 - 36　回归方程的显著性检验（生活积极性）

ANOVA

	Sum of Squares	df	Mean Square	F	Sig.
Regression	2. 274	2	1. 137	26. 898	0. 005
Residual	0. 169	4	0. 042		
Total	2. 443	6			

说明：以"学校规模"为自变量。

表 7 - 37　回归系数的显著性检验（生活积极性）

Coefficients

	Unstandardized Coefficients		Standardized Coefficients	t	Sig.
	B	Std. Error	Beta		
学校规模	− . 004	. 002	− 1. 716	− 2. 299	. 083
学校规模 ** 2	3. 538E − 6	. 000	2. 606	3. 490	. 025
（Constant）	2. 318	. 539		4. 302	. 013

表 7 – 38　回归方程的拟合优度检验（活动创新性）
Model Summary

R	R Square	Adjusted R Square	Std. Error of the Estimate
.947	.896	.845	.296

说明：以"学校规模"为自变量。

表 7 – 39　回归方程的显著性检验（活动创新性）
ANOVA

	Sum of Squares	df	Mean Square	F	Sig.
Regression	3.022	2	1.511	17.304	.011
Residual	.349	4	.087		
Total	3.371	6			

说明：以"学校规模"为自变量。

表 7 – 40　回归系数的显著性检验（活动创新性）
Coefficients

	Unstandardized Coefficients		Standardized Coefficients	t	Sig.
	B	Std. Error	Beta		
学校规模	− 0.005	.002	− 1.845	− 2.020	.113
学校规模 ** 2	4.316E − 6	.000	2.706	2.962	.041
（Constant）	2.588	.775		3.341	.029

　　但同时可以发现，在对回归方程和系数进行检验时，生活积极性及活动创新性函数模型的一次项回归系数的显著性检验没有拒绝零假设。分析原因可以发现，事实上，4 个三级指标与学校规模的散点图并非呈现一个单一函数模型，而是一个分段函数，在学校规模小于 800 人时，收益指标不随学校规模的扩大发生变化，超过 800 人后，收益随学校规模增大而骤减（得分与收益成反比）。考虑到得分为 1 或 2 时，表明学生的情感状态较好的问卷设计，将使学生生活态度收益较高的学校规模定为 300 ～ 980 人。

　　从图 7 – 12 可以看出，学校规模与学习态度的关系要弱于与生活态度的关系，学习态度随着学校规模的增大，变化趋势不太明显。表 7 – 41 ～表 7 – 49 表明学校规模与学习态度的关系呈线性一次函数关系，回归方程的拟合优度检验和显著性检验均是通过的，但是学习积极性回归方程的系数的显著性检验概率 P 值大于 0.05，此常数值的准确性有待商榷。从散点图像可以得出使得学习态度较为积极健康的适度学校规模为 300 ～ 900 人。

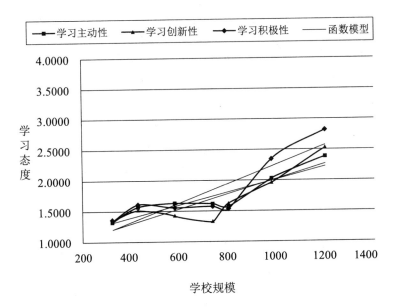

图 7 - 12　学校规模与学习态度的关系

表 7 - 41　回归方程的拟合优度检验（学习主动性）

Model Summary

R	R Square	Adjusted R Square	Std. Error of the Estimate
.917	.840	.808	.154

说明：以"学校规模"为自变量。

表 7 - 42　回归方程的显著性检验（学习主动性）

ANOVA

	Sum of Squares	df	Mean Square	F	Sig.
Regression	.626	1	.626	26.253	.004
Residual	.119	5	.024		
Total	.745	6			

说明：以"学校规模"为自变量。

表7-43　回归系数的显著性检验（学习主动性）

Coefficients

	Unstandardized Coefficients		Standardized Coefficients	t	Sig.
	B	Std. Error	Beta		
学校规模	.001	.000	.917	5.124	.004
（Constant）	.968	.159		6.069	.002

表7-44　回归方程的拟合优度检验（学习创新性）

Model Summary

R	R Square	Adjusted R Square	Std. Error of the Estimate
.861	.741	.690	.241

说明：以"学校规模"为自变量。

表7-45　回归方程的显著性检验（学习创新性）

ANOVA

	Sum of Squares	df	Mean Square	F	Sig.
Regression	.831	1	.831	14.333	.013
Residual	.290	5	.058		
Total	1.120	6			

说明：以"学校规模"为自变量。

表7-46　回归系数的显著性检验（学习创新性）

Coefficients

	Unstandardized Coefficients		Standardized Coefficients	t	Sig.
	B	Std. Error	Beta		
学校规模	.001	.000	.861	3.786	.013
（Constant）	.811	.249		3.263	.022

表 7 - 47 回归方程的拟合优度检验（学习积极性）

Model Summary

R	R Square	Adjusted R Square	Std. Error of the Estimate
.878	.771	.726	.285

说明：以"学校规模"为自变量。

表 7 - 48 回归方程的显著性检验（学习积极性）

ANOVA

	Sum of Squares	df	Mean Square	F	Sig.
Regression	1.368	1	1.368	16.874	.009
Residual	.405	5	.081		
Total	1.773	6			

说明：以"学校规模"为自变量。

表 7 - 49 回归系数的显著性检验（学习积极性）

Coefficients

	Unstandardized Coefficients		Standardized Coefficients	t	Sig.
	B	Std. Error	Beta		
学校规模	.002	.000	.878	4.108	.009
（Constant）	.702	.294		2.386	.063

三、学校规模对学生情感的影响

由图 7 - 13 及表 7 - 50 ～ 表 7 - 58 可以看出，学校规模与朋友数量的关系模型同学校规模与同学融洽度（1）（2）子指标的关系模型差别明显。统计工具给出的学校规模与同学融洽度的关系模型为复合曲线关系（compound），根据给出的回归系数和复合函数表达式可知，学校规模与同学融洽度（1）（2）的函数关系为 $\ln(Y_1) = \ln(0.8) + \ln(X)$ 及 $\ln(Y_2) = \ln(0.82) + \ln(X)$，而学校规模与朋友数量呈多项式二次函数关系。根据对部分同学的回访得知，在学校规模较小的初级中学，其班级规模也小，显然会对学生在班内的朋友数量造成影响；而学校规模过大的初级中学所造成的过大的班级规模，会影响同学之间的亲密程度，对同班级中朋友的数量也会造成一定负面影响。综合散点图像及以上分析，得出使同学关系较为和睦、融洽的适度学校规模为 500 ～ 900 人。

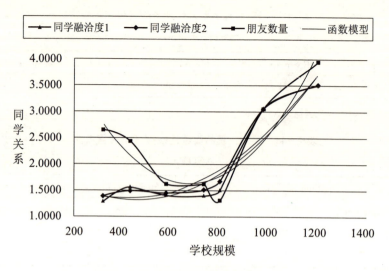

图 7 – 13　学校规模与同学关系的关系

表 7 – 50　回归方程的拟合优度检验（同学融洽度 1）

Model Summary

R	R Square	Adjusted R Square	Std. Error of the Estimate
.857	.735	.682	.229

说明：以"学校规模"为自变量。

表 7 – 51　回归方程的显著性检验（同学融洽度 1）

ANOVA

	Sum of Squares	df	Mean Square	F	Sig.
Regression	.729	1	.729	13. 847	.014
Residual	.263	5	.053		
Total	.992	6			

说明：以"学校规模"为自变量。

表 7 – 52　回归系数的显著性检验（同学融洽度 1）

Coefficients

	Unstandardized Coefficients		Standardized Coefficients	t	Sig.
	B	Std. Error	Beta		
学校规模	1. 001	.000	2. 356	3271. 229	.000

	Unstandardized Coefficients		Standardized Coefficients	t	Sig.
	B	Std. Error	Beta		
(Constant)	.803	.190		4.221	.008

说明：以"同学融洽度1"为解释变量。

表7-53　回归方程的拟合优度检验（同学融洽度2）

Model Summary

R	R Square	Adjusted R Square	Std. Error of the Estimate
.893	.797	.756	.194

说明：以"学校规模"为自变量。

表7-54　回归方程的显著性检验（同学融洽度2）

ANOVA

	Sum of Squares	df	Mean Square	F	Sig.
Regression	.736	1	.736	19.635	.007
Residual	.187	5	.037		
Total	.923	6			

说明：以"学校规模"为自变量。

表7-55　回归系数的显著性检验（同学融洽度2）

Coefficients

	Unstandardized Coefficients		Standardized Coefficients	t	Sig.
	B	Std. Error	Beta		
学校规模	1.001	.000	2.442	3876.870	.000
(Constant)	.820	.164		5.002	.004

说明：以"同学融洽度2"为解释变量。

表7-56　回归方程的拟合优度检验（班内朋友数量）

Model Summary

R	R Square	Adjusted R Square	Std. Error of the Estimate
.936	.876	.814	.405

说明：以"学校规模"为自变量。

表7-57 回归方程的显著性检验（班内朋友数量）

ANOVA

	Sum of Squares	df	Mean Square	F	Sig.
Regression	4.627	2	2.314	14.088	.015
Residual	.657	4	.164		
Total	5.284	6			

说明：以"学校规模"为自变量。

表7-58 回归系数的显著性检验（班内朋友数量）

Coefficients

	Unstandardized Coefficients		Standardized Coefficients	t	Sig.
	B	Std. Error	Beta		
学校规模	-.012	.003	-4.036	-4.034	.016
学校规模**2	9.148E-6	.000	4.581	4.578	.010
（Constant）	5.807	1.062		5.467	.005

图7-14展示的是学校规模与师生关系的曲线模型。这里的教师喜爱度指的是学生对教师的喜爱程度；而"被关注度"指的是教师对学生的关照程度。学校规模及生师比过大，导致教师对学生的关注不足是显而易见

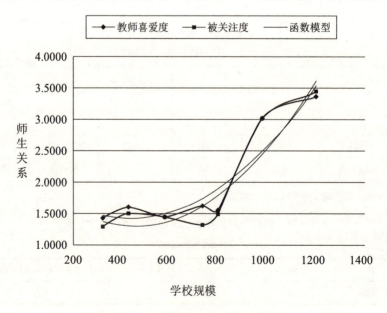

图7-14 学校规模与师生关系的关系

的，而从函数曲线来看，学生对于教师的喜爱程度也受学校规模的影响，随着规模的增大而降低。从表7-59～表7-64可以看出，学校规模与教师喜爱度及学生被关注度呈复合函数关系，且经过回归方程的拟合优度检验、显著性检验及回归系数的显著性检验均表明模型的代表性是很好的。综合图7-14及表7-59～表7-64，本研究认为300～850人的学校规模对于保持学生对教师的喜爱度及保证每个学生都能得到教师的关注是合理的。

表7-59　回归方程的拟合优度检验（教师喜爱度）

Model Summary

R	R Square	Adjusted R Square	Std. Error of the Estimate
.866	.751	.701	.198

说明：以"学校规模"为自变量。

表7-60　回归方程的显著性检验（教师喜爱度）

ANOVA

	Sum of Squares	df	Mean Square	F	Sig.
Regression	.592	1	.592	15.061	.012
Residual	.197	5	.039		
Total	.789	6			

说明：以"学校规模"为自变量。

表7-61　回归系数的显著性检验（教师喜爱度）

Coefficients

	Unstandardized Coefficients		Standardized Coefficients	t	Sig.
	B	Std. Error	Beta		
学校规模	1.001	.000	2.378	3784.640	.000
（Constant）	.900	.184		4.883	.005

说明：以"教师喜爱度"为解释变量。

表7-62　回归方程的拟合优度检验（被关注度）

Model Summary

R	R Square	Adjusted R Square	Std. Error of the Estimate
.850	.722	.667	.237

说明：以"学校规模"为自变量。

表7-63　回归方程的显著性检验（被关注度）

ANOVA

	Sum of Squares	df	Mean Square	F	Sig.
Regression	.731	1	.731	12.999	.015
Residual	.281	5	.056		
Total	1.012	6			

说明：以"学校规模"为自变量。

表7-64　回归系数的显著性检验（被关注度）

Coefficients

	Unstandardized Coefficients		Standardized Coefficients	t	Sig.
	B	Std. Error	Beta		
学校规模	1.001	.000	2.339	3163.987	.000
（Constant）	.783	.192		4.082	.010

说明：以"被关爱度"为解释变量。

四、学校规模对学生价值观的影响

从图7-15给出的学校规模与班级归属感的散点连线图看出，班级归属感受学校规模的影响较为明显，在学校规模小于750人时，班级归属感

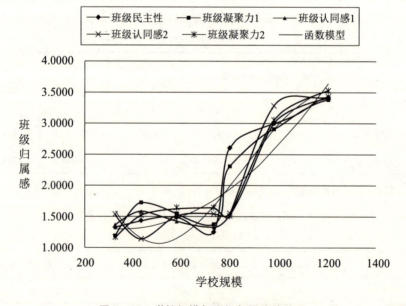

图7-15　学校规模与班级归属感的关系

的得分均值稳定在 1.5 分左右，大部分学生选择了"非常同意"或"同意"，而学校规模大于 750 人后，学生的选择在很小的范围内从 1.5 分跳跃至 3.5 分，可见二者相关性明显。统计工具给出的学校规模与班级归属感三级指标的函数模型均为复合函数，并且经过验证具有一定代表性，值得注意的是拟合优度检验给出的 R^2 值不是很高。综合曲线图像及函数模型得出使得学生班级归属感较强的适度学校规模为 300 ～ 800 人。

表 7–65　回归方程的拟合优度检验（班级民主性）

Model Summary

R	R Square	Adjusted R Square	Std. Error of the Estimate
.865	.749	.699	.232

说明：以"学校规模"为自变量。

表 7–66　回归方程的显著性检验（班级民主性）

ANOVA

	Sum of Squares	df	Mean Square	F	Sig.
Regression	.801	1	.801	14.918	.012
Residual	.268	5	.054		
Total	1.069	6			

说明：以"学校规模"为自变量。

表 7–67　回归系数的显著性检验（班级民主性）

Coefficients

	Unstandardized Coefficients		Standardized Coefficients	t	Sig.
	B	Std. Error	Beta		
学校规模	1.001	.000	2.376	3238.579	.000
（Constant）	.814	.195		4.179	.009

说明：以"班级民主性"为解释变量。

表 7–68　回归方程的拟合优度检验（班级凝聚力 1）

Model Summary

R	R Square	Adjusted R Square	Std. Error of the Estimate
.893	.798	.758	.198

说明：以"学校规模"为自变量。

表7-69　回归方程的显著性检验（班级凝聚力1）

ANOVA

	Sum of Squares	df	Mean Square	F	Sig.
Regression	.777	1	.777	19.759	.007
Residual	.197	5	.039		
Total	.973	6			

说明：The independent variable is 学校规模。

表7-70　回归系数的显著性检验（班级凝聚力1）

Coefficients

	Unstandardized Coefficients		Standardized Coefficients	t	Sig.
	B	Std. Error	Beta		
学校规模	1.001	.000	2.443	3784.758	.000
（Constant）	.827	.169		4.883	.005

说明：以"班级凝聚力1"为解释变量。

表7-71　回归方程的拟合优度检验（班级凝聚力2）

Model Summary

R	R Square	Adjusted R Square	Std. Error of the Estimate
.906	.821	.786	.188

说明：以"学校规模"为自变量。

表7-72　回归方程的显著性检验（班级凝聚力2）

ANOVA

	Sum of Squares	df	Mean Square	F	Sig.
Regression	.814	1	.814	22.989	.005
Residual	.177	5	.035		
Total	.991	6			

说明：以"学校规模"为自变量。

表 7-73　回归系数的显著性检验（班级凝聚力 2）

Coefficients

	Unstandardized Coefficients		Standardized Coefficients	t	Sig.
	B	Std. Error	Beta		
学校规模	1.001	.000	2.475	3987.100	.000
（Constant）	.783	.152		5.144	.004

说明：以"班级凝聚力 2"为解释变量。

表 7-74　回归方程的拟合优度检验（班级认同感 1）

Model Summary

R	R Square	Adjusted R Square	Std. Error of the Estimate
.835	.698	.637	.237

说明：以"学校规模"为自变量。

表 7-75　回归方程的显著性检验（班级认同感 1）

ANOVA

	Sum of Squares	df	Mean Square	F	Sig.
Regression	.648	1	.648	11.539	.019
Residual	.281	5	.056		
Total	.929	6			

说明：以"学校规模"为自变量。

表 7-76　回归系数的显著性检验（班级认同感 1）

Coefficients

	Unstandardized Coefficients		Standardized Coefficients	t	Sig.
	B	Std. Error	Beta		
学校规模	1.001	.000	2.305	3165.887	.000
（Constant）	.838	.205		4.085	.009

说明：以"班级认同感 1"为解释变量。

表7－77　回归方程的拟合优度检验（班级认同感2）

Model Summary

R	R Square	Adjusted R Square	Std. Error of the Estimate
.860	.739	.687	.238

说明：以"学校规模"为自变量。

表7－78　回归方程的显著性检验（班级认同感2）

ANOVA

	Sum of Squares	df	Mean Square	F	Sig.
Regression	.802	1	.802	14.164	.013
Residual	.283	5	.057		
Total	1.085	6			

说明：以"学校规模"为自变量。

表7－79　回归系数的显著性检验（班级认同感2）

Coefficients

	Unstandardized Coefficients		Standardized Coefficients	t	Sig.
	B	Std. Error	Beta		
学校规模	1.001	.000	2.362	3153.168	.000
（Constant）	.779	.191		4.068	.010

说明：以"班级认同感2"为解释变量。

统计工具给出的学校规模与纪律的关系模型为多项式二次函数模型，

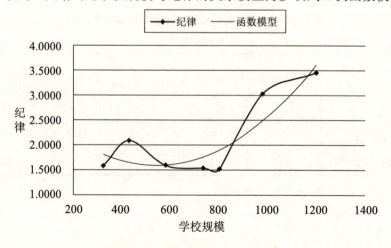

图7－16　学校规模与纪律的关系

且通过回归方程的拟合优度检验和显著性检验证明选择二次函数是合理的，但是统计得出的回归系数并没有通过显著性检验，3 个概率 P 值均大于显著性水平 α，说明具体的系数和表达式有待商榷。本研究从散点图得出学生纪律较好的适度学校规模为 300 ～ 830 人。

表 7 – 80　回归方程的拟合优度检验（纪律）

Model Summary

R	R Square	Adjusted R Square	Std. Error of the Estimate
.896	.804	.705	.436

说明：以"学校规模"为自变量。

表 7 – 81　回归方程的显著性检验（纪律）

ANOVA

	Sum of Squares	df	Mean Square	F	Sig.
Regression	3.119	2	1.559	8.187	.039
Residual	.762	4	.190		
Total	3.881	6			

说明：以"学校规模"为自变量。

表 7 – 82　回归系数的显著性检验（纪律）

Coefficients

	Unstandardized Coefficients		Standardized Coefficients	t	Sig.
	B	Std. Error	Beta		
学校规模	– .005	.003	– 1.934	– 1.538	.199
学校规模 ** 2	4.677E – 6	.000	2.733	2.173	.095
（Constant）	2.967	1.144		2.593	.060

五、小结

根据以上数据处理的结果及构建的学校规模与各教育收益的关系模型，可以得出以下结论。

第一，各类教育收益与学校规模所成的函数模型种类多样，既有线性一次函数、多项式二次函数，还有复合函数关系，似乎无法得出准确的教育收益与学校规模的函数关系。尽管如此，综合函数图像及散点图可以发现，教育收益的高低与学校规模的大小密切相关，在一定规模范围内，收益基本维持在较好的水平；超过此规模范围，教育收益随学校规模的增大急剧降低。因此，从收益的视角看，学校规模不宜过大。

第二，综合以上关于学校规模与各类教育收益的关系模型分析，得出使教育收益较高的适度学校规模区间为 500～800 人（见表 7-83）。

表 7-83 各类教育收益得出的适度学校规模

项　目	适度学校规模
升学率、辍学率	影响不明显
平均分	[300, 1000]
优秀率	[300, 1000]
生活态度	[300, 980]
学习态度	[300, 900]
同学关系	[500, 900]
师生关系	[300, 850]
班级归属感	[300, 800]
纪律	[300, 830]

第五节　讨论与总结

一、研究结论

本研究从教育成本和教育收益两个视角探讨上海市中等教育水平的初级中学的学校规模，通过调研分别构建学校规模与教育成本、教育收益的近似曲线模型，得出以下两点研究结论。

第一，通过构建学校规模与教育成本、教育收益的近似曲线模型，使教育成本较低的学校规模区间为 700～900 人，教育收益较高的学校规模区间为 500～800 人。两者具有交集，即存在既满足教育成本较低又满足使教育收益较高的适度学校规模区间，此区间为 700～800 人。

第二，教育成本、教育收益与学校规模的函数模型并非与设想的那样，仅满足一种曲线模型，而是呈现多种函数关系。同时，虽然曲线模型不同，却存在相似的变化趋势：大部分类别的教育成本与学校规模的关系呈现多项式二次函数关系，或在样本学校的规模区间上与二项式函数模型的曲线基本吻合；多数教育收益的指标与学校规模的关系满足分段函数的特征，即在一定规模范围内，教育收益基本维持在较好的水平；超过此规模范围，教育收益随学校规模的增大急剧降低。

二、建议

根据样本学校的实际规模范围及从教育成本和收益视角得出的适度学校规模区间，可以将上海市中等教育水平的初级中学的学校规模分为这样几个规模区间：300～500人，500～700人，700～800人，800～900人，900～1200人，并分别给出相应的学校规划的建议。

第一，规模为300～500人的学校：此类学校规模过小，导致教育成本过高，各类教育教学设施得不到充分利用，造成教育资源的闲置和浪费。但同时大部分的教育收益较高（除学生在班内的朋友数量外），师生关系良好，学生情感、态度及价值观积极向上，但与适度学校规模范围的距离较远。对此类学校的建议是：适当扩大学校规模，如将350人学校扩建为450人，同时针对闲置的教育教学设置，可在保证学生安全的情况下适当向社会出租，收取一定费用以补偿固定资产折旧、增添新的教学设备等，如周末或放学后将学校篮球场出租给学区附近的公司用于商业比赛等。

第二，规模为500～700人的学校：此类规模的学校，教育收益已经达到较好的水平，而成本虽然还不够理想，但正处于下降的趋势，并且与最佳规模范围的差距不大，容易通过补充学生数量的方式达到最佳规模。处理此类学校最好的方式，是适当扩大学校规模，使其进入既满足成本较低又能使收益较高的适度规模范围。

第三，规模为700～800人的学校：此类学校的规模是满足成本较低而收益较高的适度学校规模区间，此类学校在进行学校规划时，应当尽量保持学校规模的稳定性，并通过合理调整课程结构等方式进一步降低成本。

第四，规模为800～900人的学校：此类规模的学校，虽满足教育成本较低的条件，但是部分教育收益也较低，如师生关系、班级归属感及纪律等。针对此类情况，可适当增加班级数量，通过减小班级规模增强学生的班级归属感和维持较好的纪律，但同时应注意控制教室的数量避免出现过高的成本。

第五，规模为900～1200人的学校：此类范围的学校，其多数成本还相对较低，但是其收益水平也很低，学校人员拥挤，学生得不到教师的足够关注，行政机构臃肿，办事效率较低。其处理的方式是将学生分流到规模较小的学校或将学校适当拆分，建立分校或另设一所独立学校。

三、不足之处

国内外目前关于学校规模的研究不少，但大多数仅从规模经济的角度考虑，并且关于教育成本的核算方式过于复杂。而本研究在探析学校的适度规模时，综合了与教育成本、收益两方面的因素，在目前的研究中属于一个比较大的创新。这不但在理论上为后续的研究提供了参考，并且在实践上对于上海市初级中学学校规模的调整提出了一定的借鉴。但同时本研究尚存在一些不足之处。

第一，理论应用的局限性。规模经济理论和成本收益理论起源于企业的生产中，义务教育阶段的初级中学是非营利的公共部门，它的活动方式和功能与企业的生产有较大的差别，不能完全照搬企业生产中的成本与收益的物质指标。本研究借鉴了国内在高等教育领域中学校规模研究的一些有益探索，以期可以尽量弥补这一不足。

第二，指标体系的量化存在一定缺陷。企业中的成本收益指标均可量化为货币的多少，而教育领域中的成本收益不同，如学生的情感满足、内心感受等，如何将这类指标进行合理量化是需要突破的重点。本研究采用了目前普遍使用的四级量表赋值法，来表达学生感受的强烈程度，但是这一方法存在的一个很大问题就是数据的非连贯性，并不能准确表达被调查者的想法，这也是使用定量研究来分析社会科学的一大缺陷。

第三，教育成本研究的样本有待扩大。研究教育收益的样本个体为学生，研究教育成本的样本个体为学校。本研究中学生样本的数量比较充足，但是学校的数量只有 7 所，且在规模上较多地集中在 300～800 人，而900～1200 人的学校不足，这一方面是由于研究时间不足，另一方面受上海市目前初等教育学校规模本身的现实条件所限，无法避免。另外，本研究是在一定的假设条件下展开的，且实验条件的控制由于现实原因不能完全做到理想控制，如选择的样本学校的教育技术水平只能做到基本一致，但事实上还是有一定差别，如教师职称、教龄等并不能完全相同，而对教育成本的核算方式（只核算数量）也导致了生均成本的核算不能加和（单价不同），所以研究要进行大规模推广尚有难度。总之，本研究是关于学校规模研究的全新尝试，需要在日后的研究中不断完善和创新。

附　　录

教师工作状态调查

亲爱的老师:

　　本问卷系华东师范大学公共管理学院开展的教师工作状态调查问卷,请您参与并协助完成此项调查。本问卷采取匿名的方式,并且我们将对问卷涉及的个人信息与调查信息进行严格保密。若您对调查有任何疑问或需询问调查结果,可发送邮件到 tan_qijing@126.com,我们将在调查结束后为您解答。

　　请您在以下符合您观点的选项前的方格内打√。

基本信息: √

1. 您的性别:□ 男　　　□ 女
2. 您的年龄:□ 30 周岁及以下　　□ 31～40 周岁　　□ 41～50 周岁　　□ 51 周岁及以上
3. 您的学历:□ 专科　　　□ 本科　　　□ 研究生
4. 您的职称:□ 初级　　　□ 中级　　　□ 高级　　　□ 特级
5. 您所在的学校:□ 小学　　　□ 初中
6. 您的教龄:＿＿＿＿＿＿＿＿＿＿＿(年)
7. 您目前执教的科目:＿＿＿＿＿＿＿(门),分别是:＿＿＿＿＿＿＿
8. 您目前任教的班级个数:＿＿＿＿＿＿＿(个),每个班级的人数分别是:＿＿＿＿＿＿(人)

教师工作状态: √

1. 您平均每天的在校时间?
　　□ 8 小时及以下　　□ 8～10 小时　　□ 10～12 小时

☐ 13 小时及以上

2. 您平均每天用于批改作业的时间?

☐ 1 小时及以下　　☐ 1～2 小时　　☐ 2～3 小时　　☐ 4 小时及以上

3. 您平均每天睡眠时间?

☐ 6 小时及以下　　☐ 6～7 小时　　☐ 7～8 小时　　☐ 8 小时及以上

4. 您感觉身体状况?

☐ 很好　　　　　　☐ 偶尔感觉疲劳　☐ 经常感觉疲劳　☐ 疲劳至极

5. 您平均每周用于休闲的时间?

☐ 2 小时及以下　　☐ 2～4 小时　　☐ 4～6 小时　　☐ 6 小时及以上

6. 您目前每周的课时数?

☐ 5 课时及以下　　☐ 5～7 课时　　☐ 7～9 课时　　☐ 9 课时及以上

7. 对于能成为教师,我感到自豪。

☐ 非常同意　　☐ 同意　　☐ 不同意　　☐ 非常不同意

8. 学校工作虽然繁杂琐碎,但我觉得它充满希望。

☐ 非常同意　　☐ 同意　　☐ 不同意　　☐ 非常不同意

9. 我感觉学校和社会对教师的评价公正。

☐ 非常同意　　☐ 同意　　☐ 不同意　　☐ 非常不同意

10. 学校对教师工作的考核办法有待改进。

☐ 非常同意　　☐ 同意　　☐ 不同意　　☐ 非常不同意

11. 如上 10 题选择"非常同意""同意",请回答本题。学校对教师工作的考核办法需要改进的方面(可多选)。

☐ 考核周期　　☐ 考核标准　　☐ 考核内容　　☐ 考评主体
☐ 其他(请注明):＿＿＿＿＿＿＿＿

12. 不论在校内还是校外,作为教师我始终能受到他人尊重。

☐ 非常同意　　☐ 同意　　☐ 不同意　　☐ 非常不同意

13. 学校同事间,我们交往的方式建立在互信互重的基础上。

☐ 非常同意　　☐ 同意　　☐ 不同意　　☐ 非常不同意

14. 教师职业带来的精神收获比物质收获更多。

☐ 非常同意　　☐ 同意　　☐ 不同意　　☐ 非常不同意

15. 在学校的现有氛围中工作,让我感到有较大的发展空间。

□ 非常同意　　□ 同意　　□ 不同意　　□ 非常不同意

16. 我对目前的工作状态感到满意。

□ 非常同意　　□ 同意　　□ 不同意　　□ 非常不同意

17. 即使不增加教师报酬，只要对我发展有利，我仍愿意承担更多的压力。

□ 非常同意　　□ 同意　　□ 不同意　　□ 非常不同意

18. 学校领导的管理方式能带动全校教师的工作热情。

□ 非常同意　　□ 同意　　□ 不同意　　□ 非常不同意

19. 如上 18 题选择为"不同意""非常不同意"的，请回答本题。学校领导的管理方式不足的主要原因（可多选）。

□ 突发性、临时性任务太多　　□ 评价不公正　　□ 基层教师的发言权不足　　□ 管理方式不够灵活　　□ 其他（请注明）：＿＿＿＿＿＿

20. 学校组织的教师团体活动不够多。

□ 非常同意　　□ 同意　　□ 不同意　　□ 非常不同意

21. 在与同事的合作中，我感到一起工作很愉快。

□ 非常同意　　□ 同意　　□ 不同意　　□ 非常不同意

22. 教师之间的共同学习使我更明确教学的目标、形式等。

□ 非常同意　　□ 同意　　□ 不同意　　□ 非常不同意

23. 如上 22 题选择为"不同意""非常不同意"的，请回答本题。教师之间共同学习不足的主要原因（可多选）。

□ 组织凌乱，规章制度不健全　　□ 共同学习形同虚设　　□ 教师共同学习内容安排不妥　　□ 没必要开设教师共同学习　　□ 其他（请注明）：＿＿＿＿＿＿

24. 我觉得自己与学生的关系比较和谐。

□ 非常同意　　□ 同意　　□ 不同意　　□ 非常不同意

25. 学生经常与我交流学习和生活的感受。

□ 非常同意　　□ 同意　　□ 不同意　　□ 非常不同意

26. 我认为良好、稳定的师生关系有助于教学活动的开展，并有利于优化教学效果。

□ 非常同意　　□ 同意　　□ 不同意　　□ 非常不同意

27. 目前我和学生的交往可以让我感到满意。

□ 非常同意　　□ 同意　　□ 不同意　　□ 非常不同意

28. 如上 27 题选择为"不同意""非常不同意"的，请回答本题。目前和学生交往不满意的原因（可多选）。

□ 学生管理事务繁杂　　□ 教学工作任务繁重　　□ 班级氛围不佳

□ 学生心理难以把握　　□ 其他（请注明）：＿＿＿＿＿＿

29. 我一般只在上课时候才进入班级。

　　□ 非常同意　　□ 同意　　□ 不同意　　□ 非常不同意

30. 如上 29 题选择为"不同意""非常不同意"的，请回答本题。进入班级的主要原因（可多选）。

　　□ 班级管理　　　□ 与学生沟通　　□ 开展班级活动　　□ 评比、检查

　　□ 收发作业　　□ 其他（请注明）：＿＿＿＿＿＿

31. 由于学校工作已经让人很累，我无法定期与家长沟通。

　　□ 非常同意　　□ 同意　　□ 不同意　　□ 非常不同意

32. 在与学生或家长沟通时，我们谈话的主题集中于学生的学习。

　　□ 非常同意　　□ 同意　　□ 不同意　　□ 非常不同意

33. 如上 32 题选择为"不同意""非常不同意"的，请回答本题。与学生或家长沟通的主要内容（可多选）。

　　□ 学生日常行为　　□ 学生心理变化　　□ 学校或教育相关政策

　　□ 家庭教育问题　　□ 其他（请注明）：＿＿＿＿＿＿

34. 学校对我的考核并不关注与学生或家长的沟通情况，因此我并不特别重视。

　　□ 非常同意　　□ 同意　　□ 不同意　　□ 非常不同意

35. 对于班级中学习有困难的学生，我会安排课余时间进行单独辅导。

　　□ 非常同意　　□ 同意　　□ 不同意　　□ 非常不同意

36. 我认为学校中教师的工作士气很好，这也大大地激励着我。

　　□ 非常同意　　□ 同意　　□ 不同意　　□ 非常不同意

37. 我认为我不会因为处理课堂纪律问题，而影响正常的教学进程。

　　□ 非常同意　　□ 同意　　□ 不同意　　□ 非常不同意

38. 我通常在一节课中平均提问学生的次数为：

　　□ 2 人·次 / 节以下　　□ 3～5 人·次 / 节　　□ 6～8 人·次 / 节

　　□ 8 人·次 / 节以上

39. 我时常为照顾到班中大多数学生而感觉到心有余而力不足。

　　□ 非常同意　　□ 同意　　□ 不同意　　□ 非常不同意

40. 我认为班级中的"小团体"行为也会对班级产生积极的影响。

　　□ 非常同意　　□ 同意　　□ 不同意　　□ 非常不同意

41. 我在制订班级计划和做出决定时，喜欢征求学生的意见和建议。

　　□ 非常同意　　□ 同意　　□ 不同意　　□ 非常不同意

42. 我所任教的班级有明确的班级制度与规范，在此情况下，学生养成了一定的行为和习惯。

　　□ 非常同意　　□ 同意　　□ 不同意　　□ 非常不同意

43. 我经常换位思考学生的行为和情感。

　　□ 非常同意　　□ 同意　　□ 不同意　　□ 非常不同意

44. 我对班里的性格各异的学生有不同的期望。

　　□ 非常同意　　□ 同意　　□ 不同意　　□ 非常不同意

45. 请您描述目前的工作状态，并说明影响工作状态的因素。

　　_____

　　_____

　　_____

　　_____

46. 请您按实际情况说明不同班级规模是否对您的状态存在影响，并且是如何影响的。

　　_____

　　_____

　　_____

　　_____

——本次调查到此结束，感谢您的支持——

学生调查问卷（低年级）

亲爱的同学：

　　你好！

　　为了看一看你的学习情况，老师们做了这个调查问卷。你只需要在看完每一个问题后做出选择。请你放心，这不是考卷，每一个问题都没有对错之分，你只需要做出符合你的想法的选择就可以了，并且不用在问卷上写你的名字。如果你在回答的过程中遇到任何问题，可以举手向我们提问，或写在问卷最后，我们将在最后回答你的问题噢。

　　现在，请你仔细阅读完每个问题及其选项后，在符合你观点的选项前的方格内打√。

1. 你是：□ 男孩　　　□ 女孩

2. 你现在读_____年级，你们班有_____位同学。

3. 你是班干部吗？
　　□ 是　　　□ 否

4. 你有没有被评为三好学生？
　　□ 有　　　□ 没有
　　过去的一年中，你还得到过其他奖项吗？
　　□ 没有　　□ 1 个　　□ 2 个　　□ 3 个　　□ 4 个　　□ 5 个及以上

5. 你每天要花多长时间才能写完家庭作业？
　　□ 小于半小时　　□ 半小时到 1 小时　　□ 1～2 小时
　　□ 2 小时以上

6. 爸爸妈妈给你请过家庭教师吗？
　　□ 有　　　□ 没有

7. 你每天大约玩多长时间？
　　□ 小于 1 小时　　□ 1～2 小时　　□ 2～3 小时　　□ 3 小时及以上

8. 你每天晚上几点上床睡觉？

□ 8 点以前　　　□ 8～9 点　　　□ 9～10 点　　　□ 10 点以后

9. 我觉得我的校园很美丽，会自觉地爱护校园的一草一木。

　　□ 非常同意　　　□ 同意　　　□ 不同意　　　□ 非常不同意

10. 当我的同学遇到困难的时候，我很愿意帮助他或她。

　　□ 非常同意　　　□ 同意　　　□ 不同意　　　□ 非常不同意

11. 当成绩不理想时，我会好好地想想我错在哪里，然后改正。

　　□ 非常同意　　　□ 同意　　　□ 不同意　　　□ 非常不同意

12. 我的小脑袋里时常会有新颖有趣的想法。

　　□ 非常同意　　　□ 同意　　　□ 不同意　　　□ 非常不同意

13. 我喜欢学习，会按时完成老师布置的作业，上课的时候会积极地举手
　　回答问题。

　　□ 非常同意　　　□ 同意　　　□ 不同意　　　□ 非常不同意

14. 参加班级活动时，所有的同学都会出主意、想办法，并且积极地参加
　　到活动中去。

　　□ 非常同意　　　□ 同意　　　□ 不同意　　　□ 非常不同意

15. 班主任老师会表扬我的班级建议很不错。

　　□ 非常同意　　　□ 同意　　　□ 不同意　　　□ 非常不同意

16. 我们班的班干部是大家一起投票选出来的。

　　□ 非常同意　　　□ 同意　　　□ 不同意　　　□ 非常不同意

17. 当学校组织运动会、歌唱比赛时，班里同学都努力想让我们班拿第一。

　　□ 非常同意　　　□ 同意　　　□ 不同意　　　□ 非常不同意

18. 我认为我们的教室很整齐、干净，班里的课桌椅都很好。

　　□ 非常同意　　　□ 同意　　　□ 不同意　　　□ 非常不同意

19. 我遇到不会的问题会问周围的同学，他们也愿意告诉我。

　　□ 非常同意　　　□ 同意　　　□ 不同意　　　□ 非常不同意

20. 我在学校和班里经常感到很开心，我很喜欢我的老师和同学。

　　□ 非常同意　　　□ 同意　　　□ 不同意　　　□ 非常不同意

21. 我在学校里大多数时间感到心情愉悦。

　　□ 非常同意　　　□ 同意　　　□ 不同意　　　□ 非常不同意

22. 我们班的大多数同学纪律较好。

　　□ 非常同意　　　□ 同意　　　□ 不同意　　　□ 非常不同意

23. 我觉得我班上的很多老师上课都很有趣。

　　□ 非常同意　　　□ 同意　　　□ 不同意　　　□ 非常不同意

24. 我一周被老师提问的次数较多。

　　　□ 非常同意　　　□ 同意　　　□ 不同意　　　□ 非常不同意

25. 我的班级存在着很多"小帮派"和"小老大"。

　　　□ 非常同意　　　□ 同意　　　□ 不同意　　　□ 非常不同意

26. 班里大多数同学同意的时候，我一般也会跟着同意。

　　　□ 非常同意　　　□ 同意　　　□ 不同意　　　□ 非常不同意

——提问结束了，谢谢你的回答噢——

学生调查问卷（中年级）

亲爱的同学：

你好！

为了给同学们更好地上课，老师想要了解一下你的学习和生活情况，所以设计了此问卷。请你放心，这只是问卷不是考卷，每一题的回答都没有对错之分；也请你放心，老师把问卷收回后不会告诉任何人你的选择，会替你保密的哦，所以，你可以放心地告诉老师你的真实想法。要是你对问卷中的问题有疑问，可以发送电子邮件给老师，E－mail 是 sunxue1228@hotmail.com，在调查结束后，老师一定为你解答。

现在，请你仔细阅读完每个问题和选项，然后根据你的真实想法，在你选择的答案前面的方格内打√。

1. 你是：□ 男孩　　□ 女孩

2. 你现在读_____年级，你们班有_____位同学。

3. 你是你班里的班干部吗？

　　□ 是　　□ 否

4. 你有没有被评为三好学生？

　　□ 有　　□ 没有

　　过去的一年中，你还得到过其他奖项吗？

　　□ 有，我得到的奖项是：_____　　□ 没有

5. 你每天需要多长时间才能做好老师布置给你的家庭作业？

　　□ 0.5 小时及以下　　□ 0.5～1 小时　　□ 1～2 小时

　　□ 2 小时及以上

6. 你的爸爸妈妈有没有给你请家教呢？

　　□ 有　　□ 没有

7. 你平均每天有多长时间参与你感兴趣的课外活动？

　　□ 1 小时及以下　　□ 1～2 小时　　□ 2～3 小时　　□ 3 小时及以上

8. 你平均每天睡眠时间？

□ 6 小时及以下　　□ 6～7 小时　　□ 7～8 小时　　□ 8 小时及以上

9. 我常常被身边的美景吸引或者感动。

□ 非常同意　　□ 同意　　□ 不同意　　□ 非常不同意

10. 我为我们的祖国母亲感到骄傲。

□ 非常同意　　□ 同意　　□ 不同意　　□ 非常不同意

11. 我总是愿意力所能及地帮助需要帮助的人。

□ 非常同意　　□ 同意　　□ 不同意　　□ 非常不同意

12. 我时常会有新颖有趣的想法。

□ 非常同意　　□ 同意　　□ 不同意　　□ 非常不同意

13. 当成绩不理想时，我会仔细地想一想自己哪里做得不好。

□ 非常同意　　□ 同意　　□ 不同意　　□ 非常不同意

14. 我很喜欢我所在的班级，很愿意和老师、同学们在一起。

□ 非常同意　　□ 同意　　□ 不同意　　□ 非常不同意

15. 班里的事情，我会和同学们一起出主意、想办法。

□ 非常同意　　□ 同意　　□ 不同意　　□ 非常不同意

16. 我觉得学习是一件很快乐的事。

□ 非常同意　　□ 同意　　□ 不同意　　□ 非常不同意

17. 在课堂中，我总是很认真积极地回答老师提出的问题。

□ 非常同意　　□ 同意　　□ 不同意　　□ 非常不同意

18. 我愿意给班主任老师提意见，帮助他/她上好课。

□ 非常同意　　□ 同意　　□ 不同意　　□ 非常不同意

19. 我和我的同学都很积极地参加学校、班级组织的各种活动。

□ 非常同意　　□ 同意　　□ 不同意　　□ 非常不同意

20. 我感觉我们的教室很整齐、干净。

□ 非常同意　　□ 同意　　□ 不同意　　□ 非常不同意

21. 教室中的东西能够满足我学习的需要。

□ 非常同意　　□ 同意　　□ 不同意　　□ 非常不同意

22. 我的班主任老师是同学们的好朋友。

□ 非常同意　　□ 同意　　□ 不同意　　□ 非常不同意

23. 我觉得班里同学们的关系很友爱。

□ 非常同意　　□ 同意　　□ 不同意　　□ 非常不同意

24. 如果谁有心事，我和我的同学都会关心他/她。

□ 非常同意　　□ 同意　　□ 不同意　　□ 非常不同意

25. 我的脑海里常常出现一些担心的感觉。

　　□ 非常同意　　□ 同意　　□ 不同意　　□ 非常不同意

26. 课间，我愿意安静地坐在自己的位子上。

　　□ 非常同意　　□ 同意　　□ 不同意　　□ 非常不同意

27. 我们班大多数同学都能自觉遵守纪律。

　　□ 非常同意　　□ 同意　　□ 不同意　　□ 非常不同意

28. 我感觉老师很在意我，经常关心我。

　　□ 非常同意　　□ 同意　　□ 不同意　　□ 非常不同意

29. 我在班里都有"班荣则我荣，班耻则我耻"的共同荣辱感。

　　□ 非常同意　　□ 同意　　□ 不同意　　□ 非常不同意

30. 我们班的同学中有很多"小团体"。

　　□ 非常同意　　□ 同意　　□ 不同意　　□ 非常不同意

31. 班里大多数同学同意的时候，我一般也会跟着同意。

　　□ 非常同意　　□ 同意　　□ 不同意　　□ 非常不同意

——谢谢你的积极参与，你的回答结束了，谢谢你噢——

学生调查问卷（高年级）

亲爱的同学：

　　你好！

　　你面前的这份问卷是为了了解你的学习情况，帮助老师们在以后的教学中根据你的需求调整教学活动，以便更好地促进你的发展。请你将你现在的真实感受和想法告诉老师。请你放心，这只是问卷不是考卷，每一题的回答都没有对错之分；同时，这份问卷也采取匿名的方式，老师保证将对问卷的方方面面进行严格保密。若你对问卷中的问题有任何疑问，你可以发送邮件到 sunxue1228@ hotmail. com，老师会为你解答。

　　现在，请你仔细阅读每个问题和选项，根据你的真实想法，在你选择的答案前面的方格内打√。

1. 你是：□ 男孩　　□ 女孩

2. 你现在读_____年级，你们班有_____位同学。

3. 你是你班里的班干部吗？

　　□ 是　　□ 否

4. 你有没有被评为三好学生？

　　□ 有　　□ 没有

　　过去一年，你还得到过其他奖项吗？

　　□ 有，我得到的奖项是：_____　　□ 没有

5. 你每天需要多长时间才能做好老师布置给你的家庭作业？

　　□ 0.5 小时及以下　　□ 0.5～1 小时　　□ 1～2 小时

　　□ 2 小时及以上

6. 你的爸爸妈妈有没有给你请家教呢？

　　□ 有　　□ 没有

7. 你平均每天有多长时间参与你感兴趣的课外活动？

□ 1 小时及以下　　□ 1～2 小时　　□ 2～3 小时　　□ 3 小时及以上

8. 你平均每天睡眠时间？

　　□ 6 小时及以下　　□ 6～7 小时　　□ 7～8 小时　　□ 8 小时及以上

9. 我对未来的生活充满了希望。

　　□ 非常同意　　□ 同意　　□ 不同意　　□ 非常不同意

10. 我时常被身边的美景所吸引、被事物所感动。

　　□ 非常同意　　□ 同意　　□ 不同意　　□ 非常不同意

11. 我为祖国的发展感到骄傲。

　　□ 非常同意　　□ 同意　　□ 不同意　　□ 非常不同意

12. 我总是愿意力所能及地帮助别人。

　　□ 非常同意　　□ 同意　　□ 不同意　　□ 非常不同意

13. 我时常会有新颖有趣的想法。

　　□ 非常同意　　□ 同意　　□ 不同意　　□ 非常不同意

14. 当成绩不理想时，我会认真思考、发现自己的不足。

　　□ 非常同意　　□ 同意　　□ 不同意　　□ 非常不同意

15. 我很喜欢我所在的班级。

　　□ 非常同意　　□ 同意　　□ 不同意　　□ 非常不同意

16. 对于班上的事情，同学们会一起出主意、想办法。

　　□ 非常同意　　□ 同意　　□ 不同意　　□ 非常不同意

17. 我觉得学习是一件很快乐的事。

　　□ 非常同意　　□ 同意　　□ 不同意　　□ 非常不同意

18. 我能主动坚持课前预习和课后复习。

　　□ 非常同意　　□ 同意　　□ 不同意　　□ 非常不同意

19. 在课堂中，我能做到积极思考老师提出的问题并主动参与课堂讨论。

　　□ 非常同意　　□ 同意　　□ 不同意　　□ 非常不同意

20. 我们班的班干部是同学们选举出来的。

　　□ 非常同意　　□ 同意　　□ 不同意　　□ 非常不同意

21. 我的建议能得到班主任老师的采纳或尊重。

　　□ 非常同意　　□ 同意　　□ 不同意　　□ 非常不同意

22. 我和我的同学都很积极地参加学校、班级组织的活动。

　　□ 非常同意　　□ 同意　　□ 不同意　　□ 非常不同意

23. 在集体活动中，我和我的同学能够做到团结互助。

　　□ 非常同意　　□ 同意　　□ 不同意　　□ 非常不同意

24. 我认为我们的教室很整齐、干净。
    ☐ 非常同意　　☐ 同意　　☐ 不同意　　☐ 非常不同意

25. 我们的教室中的设施能够满足我学习、生活的基本需要。
    ☐ 非常同意　　☐ 同意　　☐ 不同意　　☐ 非常不同意

26. 我的班主任也是同学们的朋友。
    ☐ 非常同意　　☐ 同意　　☐ 不同意　　☐ 非常不同意

27. 我觉得与同学们的关系比较融洽。
    ☐ 非常同意　　☐ 同意　　☐ 不同意　　☐ 非常不同意

28. 如果谁有心事，我和我的同学都会关心他/她。
    ☐ 非常同意　　☐ 同意　　☐ 不同意　　☐ 非常不同意

29. 我渴望过一种跟现在不一样的生活。
    ☐ 非常同意　　☐ 同意　　☐ 不同意　　☐ 非常不同意

30. 我的脑海里时常闪现出一些无关紧要的担心。
    ☐ 非常同意　　☐ 同意　　☐ 不同意　　☐ 非常不同意

31. 在班级中，我时常感到心烦意乱。
    ☐ 非常同意　　☐ 同意　　☐ 不同意　　☐ 非常不同意

32. 课间，我愿意安静地坐在自己的位子上。
    ☐ 非常同意　　☐ 同意　　☐ 不同意　　☐ 非常不同意

33. 我能够以良好的心态面对失败。
    ☐ 非常同意　　☐ 同意　　☐ 不同意　　☐ 非常不同意

34. 我们班大多数同学都能自觉遵守纪律。
    ☐ 非常同意　　☐ 同意　　☐ 不同意　　☐ 非常不同意

35. 我和我的同学能够得到老师提问问题或辅导的机会。
    ☐ 非常同意　　☐ 同意　　☐ 不同意　　☐ 非常不同意

36. 我可以明显地感受到老师对我的关注和重视。
    ☐ 非常同意　　☐ 同意　　☐ 不同意　　☐ 非常不同意

37. 我和我的同学都有"班荣则我荣，班耻则我耻"的共同荣辱感。
    ☐ 非常同意　　☐ 同意　　☐ 不同意　　☐ 非常不同意

38. 我们班的同学中有很多"小团体"。
    ☐ 非常同意　　☐ 同意　　☐ 不同意　　☐ 非常不同意

39. 我和我的同学都有很强的责任心，能自觉维护班级利益。
    ☐ 非常同意　　☐ 同意　　☐ 不同意　　☐ 非常不同意

40. 我们班有很清晰、明白的纪律和规范。

□ 非常同意　　□ 同意　　□ 不同意　　□ 非常不同意

41. 班级大多数同学同意的提议，我一般会放弃自己的观点，做出跟大多数同学一样的选择。

□ 非常同意　　□ 同意　　□ 不同意　　□ 非常不同意

——本问卷到此结束，谢谢你的积极参与——

校长访谈提纲

1. 学校基本情况

➤ 学校的基本设施情况：学校占地面积、校舍建筑面积、学校绿地面积、学校体育运动场（馆）面积、教室面积。

➤ 学校的设施配置基本情况：学校拥有的图书总数、图书开架率和借阅率、学校的仪器设备总值、学校拥有的计算机台数、多媒体教室情况。

➤ 教育经费的实际到位情况和使用情况：教育拨款、生均经费情况（生均教育经费、生均教育事业费、生均公用经费）、科研经费情况、择校费、校办产业收入、基本建设费用、其他收入、支出。

➤ 请您简单介绍一下，学校中教师的构成情况，如教师总人数、教龄、学历、职称、各科教师人数等。

➤ 请您简单介绍一下学校中学生的构成情况（生源），如学生总人数、每班学生数、升学率、辍学率、留级率等，以及课外活动组织与参与情况。

➤ 目前一名教师教几门课？教几个班？每个班的人数通常是多少？通常每周有多少个课时？

➤ 班级规模通常如何确定？这方面有何文件规定？是否曾遇到此方面的困惑？教师是否对此有意见？班级规模是否随学生年级的变化改变？

2. 学校建设情况

➤ 学校建设的目标是什么？

➤ 每年教育系统评奖时，学校曾获得什么荣誉（包括个人的与集体的）？

3. 学校教师管理情况

➤ 请您介绍学校对教师的评价方法。教师对此认可程度如何？

➢ 请您介绍学校管理方面的特点。在这种管理制度与方法下，教师的工作状态如何？

➢ 您认为应该通过什么途径加强教师工作的动力？目前主要是通过什么途径加强教师工作动力的？

➢ 教师每年的培训情况。

4. 师生关系情况

➢ 请您描述一下您对师生关系的理解。目前学校中教师与学生的关系如何？

➢ 学校要求教师和学生/家长通过什么方式进行沟通？这种沟通的效果如何？请您举一个简单的例子。

➢ 学校要求教师应如何对待班里学习有困难学生？

➢ 请您简单介绍一下，班级规模将对教师工作状态和学生发展的影响及其影响程度。您心中理想的班级规模为多大？

——本次调查到此结束，感谢您的支持——

教师访谈提纲

1. 个人基本情况

➤ 请您简单介绍一下，您的教龄、学历、职称、目前所教的科目，以及来此学校前的工作经历。

➤ 目前您教几门课，分别是什么？教几个班，是不是同一年级的班级？每个班的人数分别是多少？每周有多少个课时？

➤ 工作日您平均每天几点到校、几点离校？每天批改作业需要多长时间？每天睡眠多少小时？

➤ 您觉得身体状况和精神状况怎么样？每天会有固定的休闲时间吗？大概每周休闲时间有多久？

2. 教师总体感受

➤ 您对于教师是如何评价的？这个职业会是您的终身选择吗？为什么？

➤ 您觉得学校对于各位教师工作的考核与评价是否公正合理？合理和不合理的原因分别是什么？

➤ 在校外时，您是否会因为是教师而得到别人更多的尊重？这种受尊重的感觉对您有何影响？

➤ 您对学校目前的管理制度和管理方式看法如何？请您简单描述一下学校教师整体的工作状态。有没有把学校当作自己的另外一个"家"的感觉？

➤ 您觉得和同事的交往是否顺畅？学校对教师关系的导向是什么？是否有加强或改善教师关系的制度与活动（如集体备课等)？

➤ 目前推动您工作的最大动力是什么？

3. 师生关系情况

➤ 请您描述一下您对师生关系的理解。您觉得学生和您的关系如何？它在您的教师工作中起到什么作用？

➢ 您通常和学生/家长通过什么方式进行沟通？这种沟通的效果如何（主要是对学生"状态"产生的影响)？请您举一个简单的例子。

➢ 您对待班里学习有困难学生的方法是什么？会进行特别辅导吗？学校有要求怎样做吗？

➢ 不论在课上还是课外，您是否组织学生集体活动（如课上的团体项目、班会活动等)？在这些活动中，学生会参与策划和组织的过程吗？

➢ 班主任访谈中适当了解班主任班级管理问题（班级制度、班级事务参与、班级非正式群体、班级活动管理等）和目前任教班级在全年级中的学业水平。

➢ 目前影响您工作状态的主要因素是什么？请您简单介绍一下，班级规模对您工作状态的影响程度。您心中理想的班级规模为多大？

——本次调查到此结束，感谢您的支持——

参 考 文 献

一、中文文献

〔美〕B. S. 布鲁姆：《教育评价》，邱渊、王钢等译，上海，华东师范大学出版社，1987。

陈奔云：《美国关于班级规模的实证研究》，《国外教育研究》2004 年第 9 期。

范先佐：《教育经济学》，北京，人民教育出版社，1999。

冯建华：《小比大好，还是大比小好》，《教育研究与实验》1995 年第 4 期。

和学新：《班级规模与学校规模对学校教育成效的影响——关于我国中小学布局调整问题的思考》，《教育发展研究》2001 年第 1 期。

和学新：《小班化教育的理性思索》，《辽宁教育研究》2001 年第 11 期。

靳希斌：《教育经济学》，北京，人民教育出版社，2009。

〔捷克〕夸美纽斯：《大教学论》，傅任敢译，北京，人民教育出版社，1984。

堪启标：《班级规模与学生成就——美国"CSR"实施述评》，《教学与管理》1999 年第 10 期。

李继兵：《大学文化与学生发展关系研究》，武汉，华中科技大学出版社，2006。

厉以宁：《教育经济学研究》，上海，上海人民出版社，1998。

林崇德、杨治良、黄希庭：《心理学大辞典》，上海，上海教育出版社，2003。

林文达：《教育经济学》，台北，三民书局，1984。

刘宝超：《关于教育资源浪费的思考》，《教育与经济》1997 年第 3 期。

路宏：《关于学校规模经济的研究综述》，《中国农业教育》2006 年第

3 期。

马晓强：《关于我国普通高中教育办学规模的几个问题》，《教育与经济》2003 年第 3 期。

闵维方等：《高等院校系和专业的规模效益研究》，《教育研究》1995 年第 7 期。

彭卫中：《山东省部分地区普通高中教师工作负担的调查分析》，济南，山东师范大学出版社，2001。

〔日〕片岗德雄：《班级社会学》，贺晓里译，北京，北京教育出版社，1993。

钱丽霞、顾瑾玉：《关于国外班级规模缩减问题的研究》，《外国教育研究》2000 年第 6 期。

万明钢、白亮：《"规模效益"抑或"公平正义"——农村学校布局调整中"巨型学校"现象思考》，《教育研究》2010 年第 10 期。

王善迈：《教育经济学概论》，北京，北京师范大学出版社，1989。

王鑫、章婧：《西方中小学学校规模的实证研究综述》，《浙江社会科学》2010 年第 8 期。

王玉昆：《普通中学办学效益分析》，《中小学管理》1997 年第 6 期。

魏真：《学校规模经济研究述评》，《江苏教育研究》2010 年第 12 期。

薛国凤：《关于中美两国小班化教育研究的比较》，《中小学教育》2004 年第 7 期。

薛薇：《SPSS 统计分析方法及应用》，北京，电子工业出版社，2008。

杨晓霞、郭万利：《最适办学规模分析——以广州市黄埔区为例》，《广州大学学报》2010 年第 11 期。

于启新等：《学校规模优化方法及应用研究》，《教育研究》1999 年第 8 期。

钟启泉、崔允漷等：《为了中华民族的复兴，为了每位学生的发展：〈基础教育课程改革纲要（试行）〉解读》，上海，华东师范大学出版社，2001。

二、英文文献

Alan smiths, Pamela Robinson. Teachers Leaving 2001：Liverpool, September.

Chan, D. W, et al., 1995："Burnout and Soping among Chinese Secondary School Teachers in HongKong", *British Journal of Educational Psychology*, vol. 65.

Cockbum, A. D. , 1996: "Primary Teachers Knowledge and acquisition of Stress Relieving Strategies", *British Journal of Educational Psychology*, vol. 55.

Department for Education and Skills (DFES), 2001: Schools – achieving success (White Paper), Nottingham shire: The Stationery Office, September.

Dick, R. et al. , 2011: "Stress and Strain in Teaching: A Structural Equation Approach", *British Journal of Educational Psychology*, vol. 71.

Glass, G. V. , 1982: *School class size*. Beverly Hills, CA: Sage Publications.

Griffith, J. et al. , 1995: "An Investigation of Coping Strategies Associated with Job Stress in Teachers", *British Journal of Educational Psychology*, vol. 69.

Price Waterhouse Coppers (PWC). Teacher workload study final. (2001 – 12 –05) [2002 –09 –01] . http: // www. teachemet. gov. uk/docbank/index. cf m? id = 3165.

Robinson. G. , 1990: "Synthesis of research of the effects of class size", *Education Leadership*, April.

Slavin, R. , 1990: "Classsize and student achievement: is smaller better", *Contemporary Education*, vol. 62, no. 1.

Zeng Manchao, 1988: "Cost Analysis for Educational Policymaking: A Review of Cost Studies in Education in Developing Countries", *Review of Educational Research*, no. 2.

索　引

Kendall 相关系数　　56，57，66 - 72，106，107，136，138 - 140

Spearman 相关系数　　56，57，66 - 72，106，107，136，138 - 140

X～Y 散点图　　45

百分比　　43，48 - 51

班级归属感　　180，181，186，187

班级规模　　2 - 4，6 - 13，15 - 23，25，27 - 29，32，34 - 38，48，52，
55 - 57，60 - 83，85，89，92 - 95，97，100 - 103，105 - 111，113 -
141，143，150，175，187

班级群体性　　38，138，139

班级适度规模成本指标体系　　36

班级适度规模收益指标体系　　36，37，39

标准分数　　43，73，83，97，98，135，136，138

成本和效益分析　　55

定性与定量结合法　　20

多重共线性检验　　45，101

方差与标准差　　43

格拉斯—史密斯曲线　　17，20

管理方式　　38，47，136，139

规模经济　　9，11，28，35，41，58，61，62，77，79，81，83，85，93，
143 - 150，152，156，168，188

回归方程　　45，46，98，99，101，156 - 167，169 - 185

回归方程的显著性检验　　46，156 - 159，161，163，165 - 185

回归预测模型　　98

教师工作负荷　　86 - 88，90，92，94 - 97

教师工作士气　　37，89，94

教师工作效率发展　　85

教师评价方式　　81

教师投入的成本　　93，133

教学管理负荷　　85，94

教学秩序　　38，47，136，137，151

教育公平　　1，9，16，58，85，144，149

教育关照度　　2，25，38，47，75，137，138

教育教学质量　　62

教育人力资源　　6，32

教育生产函数　　12

教育适龄儿童　　32

教育投入　　4，12，15，25，26，36，55，146，149，150，152，153，155

教育质量　　1－3，9，16，22，26，27，58，85－89，93

教育资源配置　　2，9，58，82

均值　　51，72－76，78，97，98，108－131，181

卡方检验　　44，52，53

课堂结构　　38，47，136，137

频数　　43，44，48－52

生师比　　4－8，25，29－32，36，148，161，165－168，178

相关归类法　　18，20，21

小班化教学　　2－4，6，8，16，20－28，63，64，68，70，94，95，134，143

小学人均校舍面积　　34

小学校舍平均占地面积　　32，33

学生发展　　37，57－64，71，72，78，80，82，139

学生价值观　　180

学生品行发展　　66，67，73，74

学生情感发展　　9，12，44，57，58，60－66，71－74，76－79，81－83

学生人际互动　　69，70，75，76

学生生活态度　　67，70，137，169，172

学生学习态度　　25，67，68，74－76

学生学业成绩　　16，20，28，55－57，89，145，149，168，169

学校规模　　7，9，10，13，28，45，143，188

义务教育　　2 – 13，21，29 – 32，35，41，42，48 – 52，55，58，61 – 74，
　76 – 82，86，92，148，188

义务教育生师比　　4 – 6，8，31，32

因子分析　　45，85 – 92，94，95，97，102，106，108，111，115

元分析法　　20

中学校舍平均占地面积　　33，34

最佳证据综合法　　18，20

后　记

我是从事教育经济学方向研究的，多年来养成了运用经济学的一些理论和方法来分析、审视教育问题的习惯。众所周知，规模经济理论是经济学当中非常基础，但又是运用得比较普遍的一个理论，也很早就被引入了教育领域。就我国而言，早在 20 世纪八九十年代，学界前辈如闵维方等，就已经通过大样本研究证明了规模经济现象在我国各级各类学校中普遍存在。进入新世纪后，随着教育公平和质量问题成为中国基础教育改革的主旋律，尤其在数量公平问题基本得到解决的前提下（即解决了"有学上"的问题），基础教育改革的方向日益集中到追求教育质量方面，小班化教学作为优质教学有效的实施途径，更加持续地引人关注。那么，有没有适度的班级规模存在？是否有着统一的适度标准？如何在保证或提升教育质量的同时兼顾教育公平，并将教育公平与质量两大问题有机落实到学校教育教学的微观层面？不同规模的班级，其投入的成本以及取得的效益如何衡量、评价？小班化教学开展近二十年了，如何评价其成效？如何对其进一步完善，以利其深入的推进？这些问题成为我关注并研究义务教育阶段班级规模问题的动机。

我从 2008 年开始将自己对上述问题的思考正式付诸系统研究。从教育部人文社会科学课题到国家社会科学基金后期资助项目；用基本教育公共服务均等化的视角，从成本和收益两个方面评价适度的班级规模到侧重于研究不同班级规模下的效益问题；从仅仅在长三角经济发达地区选样扩展到中西部地区，我对此问题的研究应该说是越来越深入了。终于，这本代表我这些年对此问题研究心得的书出版了！尽管不够成熟，尚存在各种不足，但我期望能够成为国内学界对此问题研究的一个样本，以供后续研究者参考、借鉴、批评和指正。

本书的顺利出版，我首先要感谢我的研究团队。王千红、孙雪、沈晓雪、于小源、杨斌、褚馨宇，没有你们的辛苦工作，这一成果不可能完成。

谢谢你们！

其次，我要感谢教育科学出版社的老师们对此书的大力支持。正是在刘明堂老师、罗永华老师的关心帮助下此书才能在不断修改中完善并最终顺利出版。谢谢你们！

再次，我要感谢全国教育规划办的老师们，没有你们的资助，我的研究不可能深入下去，也就不可能有这样一份成果产生。谢谢你们！

最后，我要感谢所有参与、配合、支持本项课题的样本单位和学校。正是你们无私的开放、全力的支持，才使得本研究的调研工作得以顺利进行。没有你们的配合，我的研究是不可能完成的。谢谢你们！

成果的出版并不代表研究工作的结束。对于班级规模问题的研究尚有极大的空间，在以后的工作中我将继续努力，期待着更多的成果。

张万朋

2014 年 8 月于华东师范大学丽娃河畔

出 版 人　　所广一

责任编辑　　罗永华

版式设计　　杨玲玲

责任校对　　贾静芳

责任印制　　曲凤玲

图书在版编目（CIP）数据

中国义务教育班级规模的效益研究／张万朋著 . —
北京：教育科学出版社，2015.2
　ISBN 978 - 7 - 5041 - 9358 - 2

　　Ⅰ.①中… Ⅱ.①张… Ⅲ.①义务教育—教育经济学—
研究—中国 Ⅳ.①G522.3

　中国版本图书馆 CIP 数据核字（2015）第 018184 号

中国义务教育班级规模的效益研究

ZHONGGUO YIWU JIAOYU BANJI GUIMO DE XIAOYI YANJIU

出版发行	**教育科学出版社**				
社　　址	北京·朝阳区安慧北里安园甲9号	**市场部电话**	010 - 64989009		
邮　　编	100101	**编辑部电话**	010 - 64989363		
传　　真	010 - 64891796	**网　　址**	http://www.esph.com.cn		
经　　销	各地新华书店				
制　　作	北京大有图文信息有限公司				
印　　刷	保定市中画美凯印刷有限公司				
开　　本	165 毫米×238 毫米 16 开	版　　次	2015 年 2 月第 1 版		
印　　张	14.25	印　　次	2015 年 2 月第 1 次印刷		
字　　数	228 千	定　　价	36.00 元		

如有印装质量问题，请到所购图书销售部门联系调换。